我們揭開遠古神話的神祕面
一窺中國神的飄然出塵，欣
希臘神的喜怒哀樂，見神明、
地、見眾生，而後見自己！

中西封神榜

先有神還是先有人？

自我奉獻的中國神、
比人類還像人的希臘神
從神話洞悉東西宇宙觀

編著 姚建明

目錄

目錄

第3章　神人與凡人

前言

　　希臘和中國這兩個全世界最系統、最全面的神話體系，無論是從起源、發展還是人物的描述來說都有很多不同。中國人講「教化」，那些神話人物都是凡人的「典範」，是不可企及的「神」。中國古代歷史上，還真的有「神界」和「凡界」的劃分，不可踰越。希臘的神們可不一樣，他們不僅僅「食人間煙火」，還會和人類「爭風吃醋」，哪裡是神呀！他們只是神一樣的存在而已。你會看到：最大的神宙斯在四處追「美女」，大神們為了一個美女「海倫」而大打出手，神和人創造的英雄幫助人類獲得火種，眾神們合在一起造出一個「潘朵拉」盒子來殘害人類。這些都是人間的喜怒哀樂呀！

　　所以，「一方水土養一方人」，一種文化造就一個社會。西方講的是人和人，甚至是人和神之間的「平等」，講得更多的是「人性化」；東方，尤其是中國，講的是人、神兩分，講的是森嚴的等級制度，講的是你不可造次，不可「違天」──不服從統治者的意願，就是「違天」。所以，中國的「天人合一」有它積極的一面，同時也有著束縛人的一面。古代中國的天文觀測、天象紀錄都是「國家機密」，都

前言

不掌握在老百姓手裡。這束縛了近代中國天文學的發展。

　　不管怎樣，中國也好、希臘也罷，還是需要神人、需要英雄的。最起碼，神話的存在為我們詮釋了最早的宇宙和宇宙萬物的起源，讓我們能夠更好地理清人類認識宇宙的發展進程，為我們了解和認識當前的宇宙帶來巨大的啟示。

　　我們的目的，是要從神話、神話傳說、神話人物去了解我們的祖先是如何認識世界、認識宇宙的。神話的宇宙，神人創造的宇宙不是更具有趣味性嗎？

第 1 章
希臘神話西方宇宙體系的構建者

　　神話雖然一直流傳至今，但神話的歷史，嚴格而言卻止於近代之前。它們無一例外都誕生於上古階段，講的都是遙遠的過去，探討的大多是關於過去的由來、過去的未來以及這一切是怎樣產生等等。在人類的早期，靠口傳身授，從而將人們以家庭或更大單位的形式連結在一起的時代裡，神話的功用是不言而喻的。

　　「如果你解釋不了世界，那就創造一個世界吧！」神話試圖用簡潔易懂的形式來解釋世界 —— 包括生、死、萬物和命運，賦予各種存在的事物緣由，而另一些並不企圖解釋世界的神話則宣泄著人類的激情或恐懼。上古人類建構的神話世界裡保存著對人性的基本解讀：生存、創造、繁衍、情慾、嫉妒、爭鬥、破壞、毀滅……從大量光怪陸離的情節和繽紛撩亂的角色背後，我們可以讀到人之所以為人，之所以異於動物的兩大特徵 —— 邏輯與審美。神話說的是人類的童年。就如同心理學中，童年是對人生影響極大的時期，閱讀人類社會的童年故事，深入了解人類行為的原始密碼，會令我們對人類自身宿命的觀察更為真切而睿智。

神存在

　　神，存在嗎？當然，祂或許存在於我們的心裡。即使是無神論者可能不相信「自然神」、「創世神」，但是，那個或是那些存在於他心中的「信仰」，就是他心中的「神」。神真的存在於我們的心中嗎？這就如同「佛祖拈花」的故事。佛祖講經，聽眾都笑了，這不可能；都沒笑，也不可能。故事裡說只有迦葉笑了，會心一笑（圖1.1）。

圖 1.1　拈花微笑

　　神話產生於人類的童年時代。它是遠古時代的人們透過超自然的形象和幻想的形式，表達他們對世界起源、自然現象及社會生活的原始理解的故事和傳說。神話大都形式樸素，充滿浪漫主義色彩，是人類文化藝術寶庫中的瑰寶。

　　中華民族是一個具有悠久文明史的民族，其祖先創作出

了許多豐富多彩的神話，開啟了古文明的先河。中國神話大多以開天闢地、為民造福、除暴安良、追求光明等為內容。中國神話大多記載在《山海經》、《楚辭》、《淮南子》等書中，其中一些神話如：盤古開天、精衛填海、嫦娥奔月等，流傳極廣，對後世的文學、藝術和語言等都有深遠影響。

　　希臘神話，指的是一切有關古希臘人的神、英雄、自然和宇宙歷史的神話（故事）。希臘神話是原始氏族社會的精神產物，歐洲最早的文學形式。最早產生於西元前 8 世紀，它是在古希臘原住民長期口頭相傳並借鑑了流傳到希臘的其他各國神話的基礎上形成基本規模，後來在荷馬（Homer）的《荷馬史詩》和海希奧德（Hesiod）的《神譜》（Theogony）及古希臘的詩歌、戲劇、歷史、哲學等著作中記錄下來，後人將它們整理成現在的古希臘神話故事。

人類想像中的神

1·「有神論」還是「無神論」

　　到底有沒有神？數學當中，證明一個結論是否成立，最可靠和簡潔的方法就是「反證法」。關於人（類）對神的看法，當然存在著肯定和否定兩種立場。從無神論的論證來說，試圖證明神的不存在，基本上都是以否定神祇的三個「R」為基礎的。

第一個「R」代表各種反駁論（rebuttal）。這些反駁論考察了贊同神祇存在的各種聲明，加以論證反駁：那些聲明是語無倫次的，是沒有實際內容的，或者是虛假的。例如，聲稱上帝在六天之內創造了世界，後來透過若干世紀累積的證據說明，宇宙是經歷了相當長的時期才進入到了目前的存在；又例如，聲稱上帝就是愛，而太多人的苦難和太多動物的命運並沒有說明愛的存在。這就引起了一個問題：人們所說的神義論（theodicy，在希臘語中，「theos」意為「神」，「dike」意為「正義」）究竟是什麼？如果像人們所說的那樣，上帝是全能的和全愛的，那麼為什麼上帝不用那種力量去創造一個愛能夠在其中確保絕不存在人類苦難的世界呢？看來上帝要麼不是全能的，要麼不是全愛的。各種反對上帝的反駁式論證也考察了人們以上帝的名義所做的那些「不受歡迎的事」，例如戰爭，或者認為女人附屬於男人是合理正當的。

三個「R」中的第二個代表各種還原論（reduction）。這些論證承認人們對神祇的信仰，但它卻提供種種理由來說明，人們這樣做的原因並不涉及神祇存在的可能性。他們認為這只是一種心理學上的「投射形式（projection）」，也就是說在我們的軀體和思維之外去創造一種能滿足我們最深層需要的東西，我們視其為真，即便這種東西並不真正獨立存在。類似我們每個人心中的「世外桃源」（圖 1.2）。

圖 1.2　世外桃源

　　所以，有理由認為，人們相信上帝是因為他們不滿足，他們要尋求安慰，或者要尋求控制他人的力量。其中最典型的就是馬克思（Karl Marx），他認為，上帝不過是使社會不同階級之間疏離（異化）的一種方式，上帝被用來證明社會分層是合理的，使被統治階級安於自身的現狀。

　　更晚近一些時候的還原主義（reductionism）者是生物學家道金斯（Richard Dawkins），他認為，上帝只不過是一種病毒，它侵入到一個人的大腦，帶來的是有害的、不健康的訊息。

三個「R」中的最後一個代表各種駁斥論（refutations）。這些駁斥論考察了導致上帝存在這一結論的各種論證，然後駁斥了它們的說服力或合理性。最典型的就是人們去駁斥「關於上帝存在的五個途徑」。

1. 從「一切事物都處於運動變化中」這一事實，推導出那位推動一切事物運動而自身不動者，是不可能存在的。

2. 從「觀察一切事物都有原因」可以得出一個結論：如果你穿過因果鏈往回追溯，你就會到達一切原因的起因，這個起因自身沒有原因。事物的存在沒有原因，這可能嗎？

3. 從「我們生活在一個充滿偶然可能性（一切存在的原本有可能不存在）的世界」這一事實，可以得出一個結論：任何事物要想存在，必須有一個必不可少的對偶然存在的保證，這意味著上帝是為什麼有某物存在而不是無物存在的原因。上帝真的能創造一切嗎？

4. 從「我們進行比較（更高、更聰明、更小等）」這一事實，可以得出一個結論：必須存在一個絕對的標準，比較是參考它而進行的，這個「標準」必定存在，因為完美就是以最可能圓滿的形式存在。這樣的標準由誰，又是怎樣被決定的？

5. 從「觀察一切事物都以一定的方式存在，以指向自己的目的一如種子變成植物，箭瞄準得當就會射中目標（因為箭被設計用來達到自己的目的，希臘語用的詞「telos」，所以這種證明被稱為目的論證明）」，可以得出一個結論：在有條理地設計的地方，就可以合理地推斷出一位設計者。上帝只是被人們「設計」出來的？

以上「五個上帝存在途徑」的證明，經常被反駁。這就引起了對一個證明的重述和進一步的駁斥。或者說，類似這樣反反覆覆的證明、駁斥一直在進行，並沒有得到最終的答案。事實上，這樣的證明不可能有結論，因為無論上帝（神祇）是什麼（如果他是什麼的話），上帝都遠遠超出證明的存在。各種證明所能夠做的，只是指出上帝（神祇）的可能性（或者不可能性），以及在能夠做到的最大意義上，指出假設上帝存在，那麼他在一個宇宙（我們根本沒有任何其他與之相比的東西）中的許多性質。我們會「看到」什麼就說什麼，或者說，常人談論「上帝（神祇）」就如同「盲人摸象」，而且是永遠也做不到「全窺」的。

2・人們想像中的各種神

那麼，大眾都看到了什麼呢？也就是我們怎樣想像神、談論神呢？最典型的例子就是愛爾蘭劇作家蕭伯納（George Bernard Shaw）的《尋找上帝的黑人女孩》（*The Adventures of the Black Girl in Her Search for God*）（圖 1.3）。

圖 1.3　尋找上帝的黑人女孩

黑人小女孩向使她轉變信仰的傳教士提出一個問題：「上帝在哪裡？」傳教士回答說：「上帝曾經說過，『去尋找吧，

你將會找到我。』」就這樣，開啟了這個女孩尋找上帝的旅程。她遇到了各式各樣的人，得到了各種回答，其中，耶穌對女孩說：「上帝在妳心中。」

　　一路上，她遇到了許多人，他們為她描述了各種特性的上帝。最終她遇到了正在整理花園的伏爾泰（Voltaire）（圖1.4）。伏爾泰是18世紀法國啟蒙運動的泰斗，被譽為「法蘭西思想之王」、「法蘭西最優秀的詩人」、「歐洲的良心」。他主張開明的君主政治，強調自由和平等。伏爾泰的「花園」，應該是帶引號的花園，他給的答案是：「唯一的『答案』，是將我們能做的事情繼續做下去，料理我們自己的『花園』。」、「我料理我的花園」。或者理解為：人人的上帝，上帝的人人。

圖1.4　伏爾泰

蕭伯納論述道：上帝並不是一種答案，因為人們一直在不斷地向原有的、關於上帝的各種觀念發出挑戰，且不斷地改變它們，所以，在某種程度上，上帝並不是人們觀念之外的一個實體。《聖經》中給出了許多關於上帝以及上帝觀念的紀錄，它們是文明之後的人類在解釋我們所意識到的宇宙之存在、起源和目的的最早努力，記錄了上帝觀念發展的整個過程：從對引發雷鳴、地震、饑荒和瘟疫的魔鬼，到讓人失明、失聰、嗜殺成性、極具破壞力的妖魔的幼稚崇拜；從對晝夜、日月、四季、播種與收穫之奇蹟的創造者的敬畏，到勇敢地將仁慈的聖人、正義的法官、摯愛的父親理想化，最後發展成為不具物質性的從來沒有血肉之軀的「道」。正是在這一點上，現代科學和哲學接過了這個問題，諸如「自然生命」、「生命衝動」、「生命力量」、「進化欲望」，以及非常抽象的「絕對命令」等。

　　蕭伯納的關鍵點在於：人們總是用自己的形象去創造上帝。

　　伏爾泰說：「上帝按照自己的形象創造了人，而人很快地給予了回報。」

　　古希臘哲學家色諾芬尼（Xenophanes）說：「如果牛、獅子和馬擁有雙手雕刻各種形象的話，牠們必然會根據自己的形象去塑造眾神，賦予眾神以牠們自己一樣的軀體。」

所以，如果除了用自己的形象之外，神是無法描述的，而那些形象在一代又一代人中不斷地發生巨變。那麼，關於神，我們如何能夠說出什麼可靠的東西呢？

3・神體驗，神價值

你體驗過「害怕」嗎？欣賞過「美麗」吧？感覺器官接收訊息、受到刺激喚起情感。訊息具有傳導屬性，它們的作用就是要引起（刺激）我們的情感。看恐怖片我們會害怕，那是編劇、導演要你害怕，他們把那些引起你害怕的傳導屬性帶給你。關於神也是如此，儘管我們確實沒有見過「神」，然而，我們在自己周圍的世界，在那些對敬畏、好奇、崇拜、感恩——在某種程度上來說就是害怕——產生過恰當感受和反應的人中，接受了傳導屬性。心理學家把這種感受描述為：令人顫慄而又神往的神聖的神祕，這是一種令人敬畏但又吸引人的壓倒性的神祕。這是對「相異者」——他雖然以人格的方式與我們同在，他又將我們帶入了更深的關係之中——超驗的、令人敬畏的感受或情感。因此，這是對深刻的目的和意義的一種感受。它就是對神的自然感受。

人是智慧生物，我們對神的感受，不可能像我們感受到害怕那樣直接。從理性上說，對於任何情感，我們也許都會再

考慮、再解釋，或者甚至會壓抑它。但是，對於神的體驗，就我們所擁有的大腦和身體來說，依然是一種可能性和一種機會。好吧，現在我們應該更理解那句話的含義啦 ——「讓我們祈禱吧」。

人用體驗和思考去意識神的存在，顯然是非常基本的。是每個社會、每一代人都普遍存在的。人類關於神的故事，就是一個歷程的故事：人類對一直在邀請並吸引他們的神的性質了解越深，他們也就越深入地被吸引進入神的存在。科學的故事是對於人類精神尊嚴的一種令人著迷的讚美。關於神的故事也一樣。

神的存在，還展現在神的價值和神的善。善和價值的判斷都是不能夠被看見的，都是被人們強加於所見之物之上的，那麼，把什麼東西視為善、美或者真，是不會得到大家一致贊同的。雖然是這樣，但是真正的真善美的真實存在還是容易判斷的，差別只是接近實際的距離多少而已。可是，對於上帝、對於神，它更可能是一種超然的存在，一種一切的源泉、一切的意義所在。儘管我們不知道上帝是什麼，而且人們談論上帝的方式也像他們談論美的方式一樣是多元的，但是，既然人具有體驗真、善、美和愛的能力，那麼，對於所有被造就而成為人的所有的人來說，上帝也一樣是可以體驗的。

以世界作為仲介，在我們的生活中我們就能體會到神（上帝）。神對人們來說已經以某種方式成為真實的、鮮活的，那麼，人們在體驗中都說了什麼呢？隨著時間的推移，人對於神的理解又是如何深化和取捨的呢？對，是透過「神話」。

神話的發展脈絡

1・萬物之母 —— 女神

　　在神靈的歷史上，從一開始就有女神，至少女神永遠占據重要的地位。有人甚至說，神之歷史就開始於女神，「Deity」（神、神祇）就是女性的，而男性的「God」（神、上帝）最多居於附屬的地位。

　　為什麼這樣說呢？考古學家發現，在舊石器時代（距今3萬年左右）及稍晚時期，普遍存在許多小型女性雕像和洞穴壁畫。它們著重刻劃了乳房、懷孕的子宮和陰道，完全就是那些與新生命繁衍和養育有關的女性器官。長期以來，這些形象被冠以羅馬性愛女神維納斯（Venus）的名字。

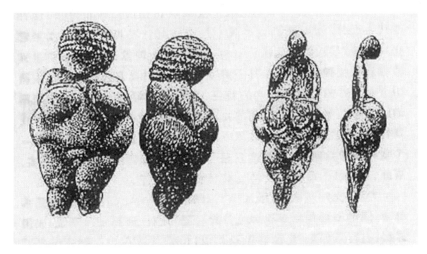

圖 1.5　地母神

　　這些「維納斯」形象的普遍出現，有時甚至排斥了相應的男性形象，使人以為人類想像中最早的神就是女神。某些學者甚至認為：死亡是與出生具有同樣強大的戲劇性奧祕。地母神（Great Mother，圖 1.5）支撐和包容了這兩者。有一種觀念把女性的地球（蓋亞女神）作為週期性出生、成長和再生的泉源。這種觀念在所有的神話和宗教象徵中都存在，它還是宗教信仰的淵源。一切證據都顯示，至少在地球人類早期的 20 萬年中，神是女性的。木刻的地母神遠在石刻的維納斯之前，只是木頭不容易保存下來而已。

　　長期以來，人們一直都是根據猜想，來重建有文字之前人類的信仰結構的。早期考古學在發現一些人類物品時，偶

爾也會發現一些銘文，其中一些銘文會透露一些相關的信仰內容。一直要到很晚之後，才有文本倖存下來。在這些文本中，人們都是在試圖表達對神，尤其是對女神的信仰。

　　不過，無論如何，人造物品和殘留文本都清楚地表明，神（God）後來普遍取代了女神（Goddess）。那麼，依據女性經驗所描述的「Deity」（女神、神、神祇），是怎樣轉化並融進基本上是男性主導的「God」（神、上帝）的形象中呢？多少世紀以來，宗教一直是族長制的，也就是說 God 已經有了不可變更的形象。而 Deity 就意味著復興（goddess），這似乎就是說要挑戰權威。而實際上「轉化」的過程並不是那麼激烈、直白的，女神的崇拜也一直不曾消失過，只不過是轉到了地下。其中一個最明顯的例證就是巫術（wicca），有趣的是在古英語中這個詞根的意思是「彎折」或「塑造」。巫術（女巫，圖 1.6）也一直在醫療、解決爭端以及與魔鬼溝通等方面發揮作用。我們可以說，巫術就是使得女神信仰保持生機（存在）的一種方式。除此之外，還有另一種女神融入的方式，就是性結合。它被用來描述女神和男神合一時的體驗或者昇華（比如男女雙修）。這種體驗遠遠不是一個生理事件，所以，性交實踐會被許多宗教引入到儀式中。

圖 1.6　巫術

2・象徵與符號

在自然秩序或者透過自然秩序去發現神，這在世界各地都很普遍。比如，如果把世界視為上帝，把宇宙作為上帝的身體，那就是所謂的泛神論（pantheism）。即使認為上帝與自然秩序不同，人們也普遍地把自然秩序視為上帝的恩賜，視為一部可以與聖典一起閱讀的啟示錄，一部展示了上帝意志和意義的聖書。所以，原始的宗教就產生了。而原始宗教的六個基本特點，決定了人類信仰和宗教的發展。

- 親緣關係：（讓人們）感覺與自然有一種血親關係。
- 共存：真切地感受到自己並不是一種完全自足的生物。

- 精靈：相信人類並非是孤獨或者是被隔離的，而是處於一個充滿有益和有害精靈的人格化世界中。
- 關係：一種與這些靈體建立關係並獲得祝福和保護的能力。
- 來世：認為這些關係將持續到死後。
- 聖事：相信人類生活在一個需要施行聖事的世界裡，其中物體和身體都包含並附帶靈性。

　　十字架（圖1.7）的標誌大家都很熟悉，在基督教中十字架是感恩的中心，是全部聖經的核心，是信仰的基礎，是基督徒得救的根源，是信徒生命的源頭。基督在十字架上死，成就了偉大，吸引了萬民歸依，彰顯了真神神聖而奇妙的愛。

圖1.7　古老而意義深遠的「十字架」符號

　　十字架的誕生很早，並且在世界各個文明的記載中皆有出現，最古老的記載可以追溯到蘇美文明中，它是太陽的符號；而在古阿茲特克文明中它代表了風和雨；在埃及文明中則是一

種生殖和生產符號是生命之樹；在古代中國十字架的符號意義則是大地。而在古代羅馬，眾所周知十字架是一種刑具，釘死在十字架上的人大都是斯巴達克斯（Spartacus）和耶穌這種動搖帝國基礎的犯人，因而可以稱作是最為恥辱的刑罰。

就像十字架來源於太陽、生命、風、雨自然一樣，人類累積的象徵符號是一座巨大的寶庫，透過它們，人類講述著自己關於神、宇宙、生命和死亡的故事。事實上，這些故事涉及了人們生活中經歷的所有方面。這些象徵符號形象地表達了人類對周圍世界以及自身狀況的情感和思想，是自然崇拜過渡到文字時代的崇拜文化的一種必然。符合典型的人類認知形式的流程圖：圖像 —— 標識 —— 象徵。

3・音樂禮儀祭祀和神話故事

提起音樂，德國著名哲學家叔本華（Arthur Schopenhauer）說：「音樂是相當孤獨的藝術。它與其他藝術形式是隔絕的⋯⋯音樂並不表達某種特定、明確的歡樂、悲傷、苦惱、恐懼或者心靈之寧靜，而是表達抽象的歡樂、悲傷、苦惱、恐懼、開心以及寧靜意識本身。在此，音樂沒有輔助事物，也沒有通常的動機（動力）。然而，它卻讓我們得以抓住並分享其中的精華。」

音樂是哲理的，它把人們帶出黑暗，讓人們了解自己。音樂在接受者那裡引起情感反應，這種緊密的連結，使得音樂成為我們對神靈表達感情的重要方式。比如，宗教音樂往往會讓人「出神」，而「出神」一詞（trance）指的就是人的一種神靈合一的狀態。音樂不僅能夠讓人出神，還會讓人狂喜。據說，音樂是唯一能夠使人的頭和腿同時發生影響的傳播屬性。狂喜（ekstasid）在希臘語中的意思就是「在外面」，要麼是使人脫離了世上的普通生活方式；要麼就是被外在靈體俘獲或附體，而這種靈體可以是魔鬼或上帝的任何東西。看看原始非洲那狂野、原始、奔放的音樂和舞蹈（圖1.8），是那麼自然、那麼情感流露，當然也就那麼接近神（上帝）。

　　音樂會經常出現在各種禮儀上。禮儀是一個特定群體或宗教信仰所履行的習得、重複性的行為。禮儀對人類生命是如此重要，它們不但存在於像崇拜行為（做禮拜）或個人出生（洗禮）、青春期（成人禮）、婚姻（婚禮）直至死亡（葬禮）的一系列宗教儀式中，也存在於非宗教性的行為方式中，像現代社會的遊行和慶典。

圖 1.8　舞動

　　禮儀就是一種使生命和死亡的至高目的和意義合法化
（通神）和具體化的常用途徑。宗教透過禮儀把文化與神靈
強而有力地聯結在一起，以實現通靈的目的，並獲得神靈的
保護。可以說，各種禮儀就是使得人們能夠成功地在家庭、
群體、民族和帝國中生活的各種安排。這種文化是人類的
「保護性」皮膚，包括書寫、圖書、紅綠燈、學校和宗教等。
這樣的文化起始於天然，繁盛於社會。人類接受和處理日常
訊息時最主要的兩種方式的自然展現，那就是聯想性學習和
象徵性認知。當我們虔誠求拜時，你會雙手合十（圖 1.9），
它是那麼自然而然。創立佛教的古印度人認為，右手是神聖
之手，左手是不淨之手。兩者合二為一，則將人的神聖面與

不淨面合一。所以，我們用合掌來表現人類最真實的面目。

　　各種禮儀的聯想性學習帶給我們的大腦許多基本刺激，這就像你看到糖就會意識到甜，看到醋就想到它是酸的。好朋友請你去參加他（她）的婚禮你就要準備紅包一樣。類似的刺激就會讓你把它們與禮儀之間建立連結，這叫做習得性聯想。我們有時可能記不住各種禮儀所代表的意義，但是某人、某物、某種聲音或氣味的出現會刺激我們的聯想。比如，聖誕老人、學位套裝、鞭炮或者鐘聲、唱歌或吟誦、特定的化妝、疼痛（自我鞭撻、割禮）、溫度（全浸洗禮）、氣味（香、香水）、味道（禮儀性食品）等等。

圖 1.9　雙手合十

通達人和神之間讓人印象最深刻的禮儀形式恐怕就是祭祀了。祭祀是人類表達對神靈情感的最重要方式之一。它存在於所有宗教之中，它經常受到批評，且隨時發生變化，有時會獲得新的形式和意義，但它卻一直是人類理解自身處境並作出回應的最基本方式之一。對於人與人之間的相互關係，尤其是人與神之間的相互關係，祭祀作為最有力的工具（形式）之一，表達了這些關係的價值和代價。因此，祭祀是使生命和秩序得到保證的途徑之一。它是法定的語言，人們透過它來認清他們危險的處境（總是受到死亡的威脅），並表達他們的需要和希冀。

祭祀就是以禮儀的方式奉獻一種可能是活的，也可能是無生命的東西（圖 1.10），所奉獻的生命或者物品本身並不需要巨大的價值，它的價值在於它被奉獻了。

圖 1.10　祭祀場面，下圖是馬雅人用活人獻祭

這樣做的理由很多，而且每種獻祭的理由都可能不止一種。它可能是用以處理犯罪或者原罪的事實，其途徑或者是贖罪（認為必須付出代價）或者是安撫（平息神祇合理的憤怒）；可能是用以換取屬於神祇的某件東西；可能是用以與那些和神祇有神交合一的人建立團契；也可能是期望獲得某種回報（拉丁語中是「do ut des」，我給予，期望你也能給予）；也可能是用以淨化某些思想或過失，或者作為致謝的方式，或者驅除某些威脅或災難，比如像饑荒、乾旱、洪水、不育；等等。獻祭也可能是慶祝的方式，也可能是透過相同和熟悉的行為來維持整個團隊的凝聚力。

　　人與神的交往，流傳最廣、延續時間最久的還是神話故事和神話傳說。神話是將個人生活經歷融進更宏大的故事的方式，這種更宏大的故事就是個人所屬的家庭，或者部落，或者民族的歷史故事；就是整個世界之過去、現在和將來的故事。神話是人腦能夠探索和想像神的絕佳方式。例如宗教就是那些在一個共同的神話體系中，共享一個敘事和傳奇的社會群體。這在現代可能是難以理解的，因為有太多的現代人認為神話一詞意味著虛假。真正虛假的是相信只有一種陳述真理的方法，比如像透過（偽）科學。神話是透過「虛構想像」來完成人類追求真理和探索命運的過程，可以認為是一種探索性的、定性的科學嘗試，畢竟科學永遠是追求探索和改變的。

德國哲學家謝林（Friedrich Wilhelm Joseph von Schelling）說得好：「每個美麗的神話都不過是經過改裝的想像和愛，它們用象形文字的方式來表達周圍的自然。除此之外還能是什麼呢？」

世界各地的創世神話

為了探尋宇宙的盡頭，我們必須回到本源，看看宇宙是怎麼誕生的。早期人類中出現的第一個哲學家，在解決吃飯溫飽、野獸追趕、蚊蟲叮咬等問題後，首先思索的問題估計就是：這是哪裡？我是誰？我從哪裡來，要到哪裡去？如果把生命和人類的演化看作宇宙演化中的一部分，並假設無外星智慧生命（至少在人類目前的認知還是這樣），這不僅是人類對自我認知的探尋，恐怕也可以看作宇宙對自身認知的第一次思考。未來真正的有 AI（人工智慧，artificial intelligence）出現時，它的第一個念頭也會是這個吧？

1・各國神話

各個早期民族都有各自的創世神話，這是人類童年時代基於當時的粗淺認知對宇宙本源的思考。古埃及神話說：「世界之初，是一片茫茫的瀛海，叫『努恩（Nun）』。他後來生下了太陽神——拉（Ra）。太陽神——拉起初是一枚發光的蛋，浮在水面上。……他（指太陽神——拉）創

造了天地，創造了人類，創造了一切生靈，創造了眾神祇。他首先創造出的兩個神是風神舒（Shu）和他的妻子泰芙努特（Tefnut）。泰芙努特是一位獅頭女神，她送雨下來，因此又被稱為雨神。接著生下地神蓋勃（Geb）和蒼穹之神努特（Nut）。後來他又生下奧西里斯（Osiris）和他的妻子伊西斯（Isis），還生出塞特（Set）和他的妻子涅弗提斯（Nephthys），共四對兒女。」他們一起創造天地萬物，並繁衍人類。

蘇美（古巴比倫）恩利爾（Enlil）開天闢地的神話中說：「很早很早以前，宇宙間沒有天，也沒有地，只有浩瀚無邊的海洋。在創世之初，水是最早出現的東西，她是宇宙萬物之母。在浩瀚無邊的海洋裡，山慢慢長大，浮出水面後，成為一片陸地，山體裡又萌生出了天和地。天是男的，名叫安（An），地是女人，名叫祺（Ki）。安和祺結合在一起，生下了空氣之神恩利爾。恩利爾在安和祺的懷抱裡漸漸長大。」長大後的恩利爾力大無窮，他將安高高地舉起，就創造了天和地，並與祺成婚，繁衍人類。

古希臘神話說：「宇宙誕生之前，正處於混沌狀態，它是一團渾濁不清的物體。混沌名叫黑卡蒂（Hecate），是一個不成形的東西，唔，就是您想像的樣子！萬物的種子都在這混沌之內，都向著各自的方面轉動，漸漸地這些原始的東西慢慢地分離出來。重的部分下沉，就構成了土地

名叫蓋亞（Gaia）；輕的飛騰上去，成為天空名叫烏拉諾斯（Uranus）。……世界變成了我們知道的樣子。」

印度神話說：「創世之初，什麼也沒有。沒有太陽，沒有月亮，也沒有星辰，只有那煙波浩渺、無邊無際的水。混沌初開，水是最先創造出來的。而後，水生火，由於火的熱力，水中冒出了一個金黃色的蛋。這個蛋，在水裡漂流了很久很久。最後，從蛋中生出了萬物的始祖 —— 大梵天（Brahmā）。這位創造之神將蛋殼一分為二，上半部成了蒼天，下半部變為大地。為使天地分開，大梵天又在它們之間安排了空間，這位始祖在水中開闢了大陸，確定了東南西北的方向，奠定了年月日的概念。宇宙就這麼形成了。」

猶太創世神話記載在聖經中，這也是唯一一個有文獻記載的創世神話。《聖經》以當時的認知為基礎，繪出了一幅科學誕生前的世界圖卷。這背後隱藏著當時人的信念：在這些已具備觀察、審視和解釋的人文精神的人們心目中，世界並非神與神鬥爭產生的偶然結果，而是一個唯一、至上之神的縝密策劃，完全以人為核心的行動。〈創世記〉（《聖經》的第一卷，圖1.11）條理清晰、有條不紊地列舉了世間萬物的出現，直至最後人類誕生。唯一的神擁有至上的權力。世界完全是他的造物，也只與他有關聯。

圖 1.11

上帝第一日創造了光，第二日創造了空氣，第三日創造了水，
第四日創造了太陽、月亮，第五日創造了飛鳥和其他動物，
第六日創造了人，第七日上帝累了，創造了安息日

中國創世神話，盤古開天女媧造人：宇宙之卵漂浮在永恆空間之中，它包括兩個反作用力 —— 陰和陽。經過無數次輪迴，盤古誕生了，宇宙之卵中較重的部分 —— 陰下落形成了地面；較輕的部分 —— 陽上升形成了天空。盤古擔心天和地再次融合在一起，就用手腳支撐著天和地，他每天長高10 丈，1.8 萬年之後天空已有 5 萬公里高。（怎麼算的？）盤古的任務完成後也就死亡了，他的身體部分變成了宇宙的基本物質。而女神女媧非常寂寞，她從黃河水中撈出泥巴來

按照自己的樣子製作泥人。這樣第一個中國神話裡創世的概念，其實跟猶太人有點類似，除了盤古長得更強壯一些，更重要的是展現出一種樸素的「天人合一，人是宇宙中的有機組成部分」的思想。人類出現了，隨後她用樹枝蘸上泥巴向地面上甩，無數個小泥點形成了無數個人類。

日本創世神話。據日本最古老的歷史典籍《古事記》記載，起初世界上只有伊邪那歧和伊邪那美兄妹倆，他們肩負著創造日本的任務。於是，伊邪那歧站在懸於天空的浮橋上，拿著一支巨大的長矛攪動海水，當他把矛提出來的時候，一滴海水從矛尖上滴落，形成一個小小的島嶼，這個島嶼就是日本。那時的日本一片荒蕪，兩位大神見此情景，立即降臨其中，開始建設小島。他們建天柱，造八尋殿，對自己的成績非常滿意，開心地繞著天柱追逐。伊邪那歧開始詢問伊邪那美的身體，伊邪那美坦言，自己的身體是一層層建造出來的，除了一處沒有長好外，已經成形。伊邪那歧聽罷，表示自己的身體剛好長多了一處，他想用這多出來的一處補上伊邪那美缺少的，然後建造出二人的國土。伊邪那美同意了他的提議。二神開始交媾，生出了日本眾多神仙以及日本諸島。

日本的創世神話中並沒有混沌的概念，恐怕也跟日本是個次生文明有關。另外，阿拉伯創世神話源於聖經中的諾亞方舟，因為阿拉伯也是個次生文明（可蘭經源於聖經），缺

失了關於創世部分的記憶。拋開次生文明不談，在原生文明的創世神話中，最初都是一片混沌，彼此不分，這個混沌不是水就是氣。混沌英文叫 chaos，這是一種熵（entropy，一種能量指標，或用於計算一個系統中的失序現象，也就是計算該系統混亂的程度）極大的狀態（純粹無序）；這也是人類早期觀察到的熵最大的物質狀態（當然理論上說，氣態的熵相對於液態更大一些）。從中慢慢分離出天地、萬物（形成各種有序的個體）。因此，雖然各個民族天南地遠，創世神話不約而同地描述了一個熵減小的過程。是人們廣為接受的宇宙起源假說。

目前的說法認為，宇宙的源頭是個奇點（重力奇異點，gravitational singularity），透過一次大霹靂誕生了宇宙。大霹靂開始於約 150 億年前，奇點體積極小，密度極高，有極高的溫度。空間和時間誕生於某種超時空或稱之為量子真空，其中充滿著與海森堡（Werner Heisenberg）不確定性原理（uncertainty principle）相符的量子能量擾動。在宇宙誕生的最初極短時間內，宇宙迅速從統一場分離成四種基本力場，同時從純能量形成最底層粒子，時空分離出來，到了 35 分鐘之後，就形成了原子；到了 30 萬年後，由於物質在空間的不均勻分佈，在引力的作用下逐漸形成了一些密度核，並以此為基礎形成恆星和恆星系統，才逐漸過渡到我們

認識的這個宇宙。將大霹靂理論和各個創世神話對比，除去最初一段時間內的各種物理細節不談，總體上也是從彼此不分的混沌狀態逐漸演化出萬物。科學發展到今天，基本立場居然和幾千年前創世神話沒什麼不同。

神話說到底還是講故事。在眾多的創世神話中，最具故事性、神祕性的要算是古印度神話和馬雅（阿茲特克）的神話了。

2・印度玄天道尊

南印度的米納克希安曼神廟（Meenakshi Amman Temple）（圖 1.12）是印度教一大聖地，坐落在古城馬杜賴（Madurai）中心，構成印度最大的寺廟建築群之一。從 6 公尺高的圍牆向外窺望，如燈塔般指引著 15000 名信徒每天來到坦米爾那都邦（Tamil Nadu）進行朝聖之旅。這座神廟供奉印度教帕爾瓦蒂（Pārvatī）轉世的米納克希女神（Meenakshi），是印度少數膜拜女性神祇的宗教紀念性建築。相傳米納克希擁有一對狀如魚眼般的完美雙眼，象徵生殖力與愛情。神廟中有數量巨大的性愛雕像，說明它們反映的應該是人類的童年，也就是神話產生的時期。

圖 1.12　米納克希安曼神廟

在印度神話中，開天闢地之初，宇宙是一片混沌。在這混沌中，逐漸產生了意識，這就是原人普魯沙（Purusa）。在經過漫長的時間之後，原人從自己的身體中分化出了創造之神大梵天，而原人自己則化為了宇宙中的物質基礎。大梵天用普魯沙的身體為材料造天地，造萬物，當世界都已經成型，大梵天從自己心中生出了十位仙人，命令他們幫助自己造物。

　　這十位仙人於是被稱為生主。大地上開始生機勃勃，三界（天地人）中充滿了形態各異的生靈。首先出現的是被稱為提婆（Deva）的天神們，他們有優秀的能力、漫長的生命和完美的容貌；之後產生了他們的表親阿修羅（Asura），這是一個有著和天神們不相上下能力，而單就戰鬥而言比天神更優秀的種族。天神們創造了人類，作為自己在大地上的代表。之後，大梵天為了尋找真正完美的生命形式，又創造了眾多的亞神，於是有了龍族（那伽，Nāga）、乾闥婆（Gandharva）和阿布莎羅（Apsaras）。但是在創世後期，大梵天逐漸開始力不從心，造物中出現了眾多的失敗產物，魔鬼和恐怖之靈因此而生。與此同時，一直和提婆們分庭抗爭的阿修羅族中也出現了異變，眾多的阿修羅在成長過程中突然發生了突變，成為無腦的怪物，對天界造成了極大的破壞。

由於無法解決這一問題，天神和阿修羅間爆發了持久的
爭執，厭倦的大梵天最終宣布阿修羅是下賤的種族，將其逐
出了天界。阿修羅不服，遂以天神無法干涉到的地界為根據
地，向天神發起了挑戰。天神和阿修羅的戰爭持續了三千年
之久，在這三千年中，阿修羅族和天神中的英雄和偉大王者
們層出不窮，從而使這場三千年戰爭變得更加熾熱和殘酷。
在戰爭的初期，大梵天就已經隱隱預感到自己的能力已經無
法支持下去，而新的宇宙神祇必將出現，於是從他的額頭上
誕生了年輕的風暴之神濕婆（Shiva）——魯奈羅，而在主
宰天界的因陀羅（Indra）家族中因大梵天之意志誕生了最小
但最強而有力的全能者毗濕奴（Viṣṇu）——那羅衍。

　　被稱為青空之神祇的濕婆和可以干涉空間的「三步跨越
宇宙者」毗濕奴成為天神們最強而有力的支持者和庇護者。
濕婆接手了天界的戰神之位，而毗濕奴則用他的能力給予天
神們後方支持。巴利是阿修羅們道德最高尚的王者，一個真
正的帝君，曾經帶領阿修羅們攻占了整個天界，把天神們逼
到了走投無路的境地；但那時還是一個幼小孩子模樣的毗濕
奴找到了巴利，請求他給予三步之地以容身；巴利沒有懷疑
這個小孩，慨然應允。結果，他目瞪口呆地看著毗濕奴輕而
易舉地現出了宇宙相，扭曲了空間，三步就跨越了整個宇宙。

巴利和他的阿修羅們被迫退回到了地界，他這樣做是因為他信守諾言，同時也是被新生的毗濕奴的力量所震懾。在那之後，毗濕奴被認可為和梵天具有同等地位的宇宙的守護神。後來很長的一段時間中，天神對阿修羅的戰爭都處於絕對的優勢中，毗濕奴一次又一次地用智謀和能力打敗了所有企圖攻占天界的阿修羅王，包括殘暴的希羅尼耶格西布（Hiranyakasipu）和野心勃勃的希羅尼亞克夏（Hiranyaksa）。但是，誰都沒有想到戰爭後來會發生戲劇性的變化：提婆中最優秀最強大的神祇之一月神蘇摩（Soma），劫走了天界的導師祭主之妻，並帶著天神們的永生之力投向了阿修羅的陣營，使雙方的實力對比大為改變。戰爭再次在天神和阿修羅間爆發，而且比以往任何一次的戰爭都來得規模空前和狂熱；在戰爭中，作為天界軍事統帥，年輕的濕婆顯示出了非凡的力量。他打敗了當時最有實力的阿修羅導師金星之王烏沙納斯，並且把戰爭的罪魁禍首蘇摩劈成了兩半。

　　戰爭結束了，阿修羅再一次遭到了慘敗，但悲劇並沒有結束。濕婆顯然是因為厭倦了戰爭的緣故而很快和生主之一達剎（Daksa）的女兒薩蒂（Satī）墜入愛河，但是他們沒有得到女方父親祝福的婚姻卻帶來了災難性的後果；在一次爭執後，薩蒂因為丈夫被父親侮辱而跳火自殺。憤怒的濕婆

像風暴一樣沖進了眾神的祭典，造成了巨大的破壞，在他和聞訊趕來的毗濕奴之間爆發了天界有史以來最恐怖的一場戰鬥，幾乎使整個宇宙重新退回混沌的狀態。雖然毗濕奴最終獲勝，但顯然濕婆所表現出來的巨大威力同樣展現了宇宙的精神，於是他從此之後正式被稱為濕婆，並且被認可為繼毗濕奴之後第二個有資格和大梵天平起平坐的大神，即毀滅之神。他的能力乃是干涉時間（迦羅）和操縱自然元素。

在那之後又過了很長的時間；當濕婆娶了薩蒂的轉生雪山神女為妻後，執管創造、護持和毀滅的三大神構成了微妙的平衡；而歷史就在這種平衡中持續著。然而，這種平衡不久就被殘酷地破壞了。

在阿修羅遭到了無數次敗績後，有一個阿修羅，毗婆羅吉提（Vipracitti）和底提的兒子，擁有所有生靈都望塵莫及的幻力，和大梵天一樣具有創造才能的大德者摩耶，決定要尋找一種方法，使阿修羅永恆地擺脫這種被詛咒的命運。在這種決心的驅使下，他苦修千年，並使整個宇宙都受到了震動。最終，摩耶透過這種苦行獲得了和三大神並駕齊驅的宇宙之力，甚至超過了他們。天帝感到這個意志堅定的阿修羅的存在對天界是個巨大的威脅，但這時他卻無法去攻打阿修羅，因為彼時摩耶在大梵天的意志中修建了巨大的三連城陀裡菩羅，並讓所有的阿修羅都定居在城中，而天神的能力是對這座城市無能

為力的。此時阿修羅也開始分裂，一派阿修羅希望能以摩耶的能力來解決自身的問題並和天神達成和平，而其他一些阿修羅則建議以三連城為據點向天界發起總攻。摩耶則夾在這兩派人中左右為難。終於好戰派的意見占了上風，而摩耶的力量則為阿修羅們提供了再好不過的基礎。天神們被阿修羅打得落花流水，最終只能向三大神求助了。

　　三大神首先是和摩耶手下的阿修羅戰鬥，當所有的阿修羅都無法抵禦三大神的攻擊後，摩耶本人決定向宇宙的權威挑戰。三大神和摩耶之間的戰鬥甚至比曾經在濕婆和毗濕奴之間爆發的戰鬥更加慘烈和白熱，因為摩耶透過苦行獲得的力量已經超出了想像的範圍。天界被毀掉了 2/3，而人界和地界幾乎完全被摧毀了。宇宙生靈，包括天神、人類和阿修羅，都陷入了滅頂之災。摩耶對這種情況感到絕望，因為令世界走向毀滅不是他的本意。他試圖和三大神談判，想要得到阿修羅族逃離詛咒的方法，但大梵天告訴他甚至是創造出阿修羅族的大梵天本人也對阿修羅的命運無能為力，決定這一切的乃是很久前就已經消失並且將自己的力量分散在三大神身上的原人普魯沙的意志。摩耶再次感到絕望，如果普魯沙無法重新出現，那麼宇宙將在他們四個的力量下崩潰，而且阿修羅族將永遠得不到拯救。

　　但是最終，當情況已經發展到萬分危急的時候，三大神達成了一致，決定嘗試用自己全部的力量合而為一令普魯沙

再次出現；而摩耶則決定犧牲自己的生命來完成這個可怕的祭典。當月亮進入鬼宿星座的時候，三大神將自己的力量集中在了濕婆的弓箭上；而濕婆向作為祭品和三連城合一的摩耶發射了一箭。祭典成功了。在末世的混亂和恐慌之中，原人普魯沙，宇宙的最高意志，以毗濕奴之姿出現了。

破碎的世界得以修復，戰死的天神和阿修羅得以復生，而阿修羅的特質終於得到了改變。但是摩耶永遠地消失了。而三大神在普魯沙消失後也隨之神祕地失蹤。天神們用盡所有的辦法，依然沒有人知道曾經凌駕於宇宙一切生靈的創造之神、護持之神和毀滅之神去了哪裡。他們在這個宇宙中失去了蹤跡，就像他們從來沒有存在過一樣。

3 · 阿茲特克五個太陽神話

在馬雅神話中，從他們的世界誕生，到他們的世界毀滅。作為一個資料本身就相當稀少的神話（文化），阿茲特克神話（圖 1.13）一直是個相當冷門的神話。

阿茲特克文化是印第安族系阿茲特克人在今墨西哥中部所建古代文明，算是中南美洲的新興文化。阿茲特克人在西元 12 世紀後期從北方遷居墨西哥盆地。1325 年建立特諾奇蒂特蘭城（今墨西哥城），後漸向外擴張，征服周邊部落，形成強大帝國。它建有龐大的灌溉工程系統，在繪畫、陶塑方面均有建樹。1519 —— 1521 年，被西班牙殖民者所摧毀。

圖 1.13　阿茲特克神話

　　五個太陽的所有創世神話都是從「世界並不存在」的那時開始的。在阿茲特克神話中，一切開始於世界誕生前的虛無，只有一位神祇在一切之前誕生了。這位神祇叫做奧梅特奧特爾（Ometeotl），名字在納瓦特爾語中是「雙神」或「雙王」的意思。他既是男性又是女性，既是天又是地，既是光明又是黑暗，既是火又是水，既是秩序又是混亂。總而言之，他是一個對立而統一的個體，他既有男性的一面（奧梅特奎特利，Ometecuhtli），也有女性的一面（奧梅西瓦特爾，Omecihuatl）。

他的四個孩子分別是希佩托特克（Xipe Totec，剝皮之主），特斯卡特利波卡（Tezcatlipoca，煙霧鏡），魁札爾科亞特爾（Quetzalcohuātl，羽蛇），維齊洛波奇特利（Huitzilopochtli，來自南方的蜂鳥）。正是這四位神祇創造了世界。

第一個成為太陽的是特斯卡特利波卡。但他成為太陽這件事讓羽蛇神十分不滿，他最終用石榔頭把自己的哥哥砸落進了海中。沒有了太陽，世界一片漆黑，而憤怒的特斯卡特利波卡變成了美洲虎，將自己的子民全部吞噬殆盡。第一太陽紀就此滅亡。這一太陽紀被稱為「美洲虎紀元」。

在第一太陽紀被毀滅後，羽蛇神魁札爾科亞特爾成為了第二位太陽。但隨著他的統治時間越來越久，這個世界的居民開始忘記對神的敬仰，最終特斯卡特利波卡毀滅了這個世界。他颳起了一場颶風，所有的一切都被摧毀了，只有很少一些居民倖存了下來，但他們都被特斯卡特利波卡變成了猴子。這個太陽紀被稱為「強風紀元」。

雨神特拉洛克（Tlaloc）成為新的太陽。而特斯卡特利波卡誘姦了他的妻子索奇克察爾（Xōchiquetzal），悲傷的特拉洛克在很長一段時間裡什麼也不想做。這導致了長時間的乾旱，人們不斷祈禱下雨，不勝其煩的特拉洛克最終降下一場火雨。它的居民被變成了鳥，這個紀元就此毀滅。這個紀元被稱為「暴雨紀元」。

第四個太陽紀由特拉洛克的新妻子（一說妹妹）查爾奇烏特利奎（Chalchiuhtlicue，翡翠裙）統治。她是位仁慈且善良的統治者，但煙霧鏡攻擊她，說她只是個偽善者，只不過是想以此獲得人們的讚揚。查爾奇烏特利奎最終被他的語言壓垮，她整日哭泣，世界降下大雨，洪水毀滅了一切。這個世界的居民最終變成了魚。這個紀元被稱為「洪水紀元」。

　　而在四個太陽紀毀滅後，諸神終於開始創造我們現在生活的第五個太陽紀，但他們不想重蹈之前失敗的覆轍。在眾神之城特奧蒂瓦坎（Teotihuacán）的集會上，他們決定改變之前的做法，相互爭鬥的諸神終於攜手合作。特斯卡特利波卡（煙霧鏡）和魁札爾科亞特爾（羽蛇）聯手抓住了游弋在世界海洋中的怪物特拉爾泰庫特利（Tlaltecuhtli）。戰鬥中，特斯卡特利波卡失去了一條腿，而他們最終將她撕成兩半，一半成為天空，一半成為大地。之後，第五個太陽誕生了——關於這個太陽究竟是誰，不同版本的神話眾說紛紜。但按照阿茲特克「年曆石」上的「官方」說法，這位成為太陽的神叫托蒂納烏（Tonatiuh），他是阿茲特克人心中的第五位太陽神。

希臘神話體系

　　古希臘神話即口頭或文字上一切有關古希臘人的神、英雄、自然和宇宙歷史的神話。古希臘神話是原始氏族社會的精神產物，也是西方世界最早的文學形式，大約產生在西元前 12 世紀到西元前 8 世紀之間，內容涉及諸神與世界的起源、諸神爭奪最高地位及最後由宙斯勝利的鬥爭、諸神的愛情與爭吵、神的冒險與力量對凡世的影響，包括與暴風或季節等自然現象和崇拜地點與儀式的關係等。

　　古代希臘神話初期，生產力發展低下，神話就成了遠古人類借助想像而征服自然力的產物。由此，古代希臘神話必然包括神的故事和人與神之間的關係、衝突的故事，即英雄和傳說兩個方面。神的故事更明顯地反映了古代人類把強大的自然現象形象化的豐富想像力，涉及宇宙和人類的起源、神的產生及其譜系等內容。英雄傳說則是起源於對祖先的崇拜，主要是對可能具有某種歷史性的傳奇人物及相關事件的崇拜和理想化，反映了遠古人類的生存活動和與自然進行的頑強鬥爭。這類傳說中的主角大都是神與人的後代，半神半人的英雄。他們體力過人，英勇非凡，展現了人類征服自然的豪邁氣概和頑強意志，成為古代人民集體力量和智慧的化身。

古希臘神話故事是一代代希臘人集體創作的結晶。神話起初口傳，後來見之於書面文字。它的最早的傳世書面文獻當推《荷馬史詩》（圖 1.14）。史詩中除了主體故事外，還提及了許多其他的神話故事，那些故事顯然在當時也是廣為流傳的。在荷馬之後不久有古希臘詩人海希奧德的長詩《神譜》，扼要地記述了許多神話故事，並且力求把那些故事譜系化。古希臘悲劇的題材基本都是取材於神話，是（劇）作家對那些神話故事的現實理解的戲劇展現。西元前 3 世紀之後，希臘化時期的亞歷山大里亞學派（Alexandria School）的學者們在對古典作品的收集和注疏中，對古希臘神話的收集和保存作出了巨大的貢獻，一些詩人則在學識性原則的指導下，發掘出許多鮮為人知的神話典故。它們除了出現在《荷馬史詩》、《神譜》、《工作與時日》、《伊利亞德》、《奧德賽》、《變形記》等經典作品以外，還有艾斯奇勒斯（Aeschylus）、索福克勒斯（Sophocles）和尤里比底斯（Euripides）戲劇。希臘神話和傳說中最有名的故事有特洛伊戰爭、尤里西斯（Ulysses）的遊歷、伊亞森（Easun）尋找金羊毛、海克力士（Heracles）的功績、忒修斯（Theseus）的冒險和伊底帕斯（Oedipus）的悲劇等。

　　古希臘民族在發展過程中曾幾經變遷，他們的神話觀念也在這種變遷中不斷發生變化。這種變化的基本特點是由自然崇拜轉向人性崇拜。人們所熟悉的這一時期希臘神話的基

本特點是人按照自己的形象創造神，神既有人的體態美，也有人的七情六慾，懂得喜怒哀樂，有善惡，有計謀，參與人的活動，賦予神人形、人性，甚至人的社會關係。希臘神話中的神個性鮮明，沒有禁慾主義，也很少有神祕主義色彩。神和人的基本區別在於神強大，常生不死，生活閒逸快樂，隨意變形，各具特殊本領和巨大威力。其好惡態度對下界人類的生殺禍福具有決定性的作用；人類弱小，生命有限，有生老病死，生存艱辛，不得不經常求助神明，但也常常詛咒神明作惡。古希臘人崇拜神，但並不賦予神明過分的崇高性，也不把神明作為道德衡量的標準，而是把他們作為人生的折射。古希臘人同時讚美人，讚美人的勇敢和進取精神。古希臘人批評驕傲、殘忍、虛榮、貪婪、暴戾、固執等人的性格弱點，並且認為往往正是這些性格弱點造成人生悲劇。

圖 1.14　荷馬史詩

古希臘神話的歷史

古代希臘神話是歐洲文學的開端。其神話的發展歷程，大致可以分為四個階段。

- 第一階段：西元前 12 世紀到西元前 8 世紀 —— 啟蒙時期
這是氏族社會向奴隸制社會過渡時期，史稱「荷馬時代」或「英雄時代」，社會文化的主要表現方式是神話和史詩。

- 第二階段：西元前 8 世紀到西元前 6 世紀 —— 個性化時期
這是奴隸制社會形成的時期，神話故事紀錄多以抒情詩、散文、寓言等形式出現。抒情詩是氏族社會解體後出現的詩歌形式，沒有氏族庇護的人們，擺脫了氏族重視集體情感的意識和傳統的束縛，個人的遭遇引起了種種複雜的情感，抒發個人自由和個人獨立自主情緒的抒情詩日益發展。抒情詩源於民歌，多以雙管、排簫和豎琴伴唱，主要體裁有哀歌、諷刺詩和琴歌，反映上層貴族的生活情趣。

- 第三階段：西元前 6 世紀到前 4 世紀 —— 戲劇存留時期
奴隸制城邦全盛期，史稱「古典時期」。這時期雅典文學具有記錄社會事件、延承文化發展的作用。表現形式包括悲劇、喜劇和文藝理論等，其中戲劇成就最大。最著名的就是三大悲劇詩人艾斯奇勒斯（Aeschylus）、索福克勒斯（Sophocles）、尤里比底斯（Euripides）和著名的喜劇詩人阿里斯托芬（Aristophanes）。他們都有許多神話和

傳說留存於世。在古希臘，文藝理論和美學是哲學的組成部分，因此，當時傑出的文藝理論家和美學家，也是著名的哲學家。比如，文藝理論家的代表是柏拉圖（Plato）和亞里斯多德（Aristotle）。

· 第四階段：西元前 4 世紀末到西元前 2 世紀 —— 中葉延展時期

· 奴隸制衰微時期，亦稱「希臘化時期」。文化的社會表現形式是新喜劇。代表劇作家是米南德（Menander），寫作家庭喜劇。西元前 146 年，希臘被羅馬滅亡，宣告了希臘化時代結束。

希臘神話體系

1·第一代神靈：天神與地神

任何神話，都要從世界和人類的起源講起。在古希臘神話中，黑卡蒂（Hecate）是原始天神。

透過單性繁殖，黑卡蒂生有：大地女神蓋亞（Gaea）、黑暗之神厄瑞玻斯（erebos）、黑夜女神倪克斯（Nyx）、愛神厄洛斯（Eros）。

蓋亞生下天神烏拉諾斯（Uranus），海神彭透斯（Pentheus）。

烏拉諾斯後來又與蓋亞成婚。

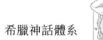

　　黑夜女神倪克斯生有：死神桑納托斯（Thanatos）、睡神許普諾斯（Hypnos）、復仇女神涅墨西斯（Nemesis）、不和女神厄莉絲（Eris）、毀滅女神克蕾絲（Kēres）、命運女神摩伊賴（Moirae）。

　　黑暗之神厄瑞玻斯與黑夜女神倪克斯婚配後生有：太空神埃忒耳（Aether）、光明神赫墨拉（Hemera）。

　　烏拉諾斯與蓋亞婚配生下十二泰坦神（the Titans）。

2‧十二泰坦神

　　這十二個泰坦神包括六男六女，後來組成了六對夫婦。

- 克洛諾斯（Cronus）：蓋亞與烏拉諾斯的十二個泰坦兒女中最年幼者。和平之神，弒父而成為第二任神王。亦被自己兒子推翻，後來逃亡到義大利，建立自治政權。

- 雷亞（Rhea）：克洛諾斯之妻。

- 歐開諾斯（Oceanus）：水之神。生育了地球上所有的河流及三千海洋女仙。

- 特堤斯（Tethys）：歐開諾斯之妻。

- 許珀里翁（Hyperion）：光之神。太陽，月亮和黎明之父。

- 忒亞（Theia）：許珀里翁之妻。

- 謨涅摩敘涅（Mnemosyne）：記憶之神。九位繆斯（文藝女神）之母。

- 伊阿珀托斯（Iapetus）：普羅米修斯，艾比米修斯和阿特拉斯之父，寧默辛妮之夫。
- 克利奧斯（Crius）：生長之神。
- 泰美斯（Themis）：秩序和正義女神。命運女神和四季之母。宙斯第二任妻子。
- 佛碧（Phoebe）：月之女神。
- 科俄斯（Coeus）：智力之神。佛碧之夫。

由於天神烏拉諾斯貪戀權力，他把蓋亞生下的這些孩子都拋棄到了遙遠的地獄。地母蓋亞對此深為不滿，就唆使最小的兒子克洛諾斯用鐮刀閹割了父親。濺飛的精液再次使地母蓋亞受孕，生下復仇三女神。除此之外還有巨人族和白橡樹仙女。

克洛諾斯殺死了父親，獲得了王位，也把泰坦眾神解救了出來。克洛諾斯和雷亞，生下三個女兒：赫斯提亞（Hestia）、狄蜜特（Demeter）和希拉（Hera）以及三個兒子：黑帝斯（Hades）、波賽頓（Poseidon）和宙斯（Zeus）。

3・宙斯奪權

（1）推翻克洛諾斯

克洛諾斯比他父親還要專橫，為了保住王位，每當他

的孩子出生，他就一口把孩子吞掉。到最小的孩子宙斯出生時，雷亞設計騙過丈夫，順利地把他生了下來並送給白橡樹仙女撫養。宙斯長大後，和母親一起用催吐劑讓父親吐出了吞下去的五個哥哥姐姐。

宙斯又聯合十二位原始泰坦神中的五位，在獨眼巨人和百手巨人的幫助下，經過十年激戰，終於推翻了克洛諾斯的統治，確立了宙斯的統治地位。

(2) 奧林匹斯山神

在宙斯的統治下，奧林匹斯山很快有了一批眾神：

宙斯 —— 萬神之王，司天堂、暴風雨、雷鳴和閃電。

希拉 —— 天后，司女人、婚姻和生育。

波賽頓 —— 海神。

狄蜜特 —— 穀物和耕作女神。

戴歐尼修斯（Dionysus）—— 酒神、狂歡之神。

雅典娜（Athena）—— 智慧女神，司藝術、發明和武藝。

赫菲斯托斯（Hephaestus）—— 火神，工藝、煅冶之神。

阿芙蘿黛蒂（Aphrodite）—— 愛情女神。

阿瑞斯（Ares）—— 戰神。

阿提米絲（Artemis）—— 月亮和狩獵女神。

阿波羅（Apollō）—— 太陽神，司音樂、詩歌、藝術、預言、雄辯和醫術。

荷米斯（Hermes）—— 神的使者，司旅遊、商業和貿易。

冥王黑帝斯是最強大的神，但他很少從冥界出來，也不算奧林匹斯山神。在奧林匹斯山神中，波賽頓、希拉、狄蜜特是宙斯的兄弟姐妹，而阿瑞斯（希拉生）、雅典娜（墨提斯 Metis 生）、阿提米絲和阿波羅（邁亞 Maia 生）、戴歐尼修斯（塞墨勒 Semele 生）則是他的孩子。真真正正可以算是一個家族統治了（圖 1.15）。

4 · 神、人及其後代

除了諸神自身迅速擴展外，在希臘神話中，許多神還與凡人有染，生下了許多有名的後代。這些神人的後代也是希臘神話傳說中的主要角色。比較著名的有：

宙斯與塞墨勒，生下了酒神戴歐尼修斯。

宙斯與達那厄（Danaë），生下英雄柏修斯（Perseus）。

宙斯與阿爾克墨涅（Alcmene），生下英雄海克力士。

宙斯與麗達（Leda），生下波路克斯（Pollux）和絕世美女海倫（Helen）。

宙斯與卡利斯托（Kallisto），生下阿卡斯（Arcas）。

宙斯與伊俄（Io），生下阿匹斯（Apis），後成為埃及國王。

宙斯與歐羅巴（Europa），生下米諾斯（Minos）和拉達曼迪斯（Rhadamanthus）。

宙斯與埃特拉（Aethra），生下英雄忒修斯。

波賽頓與美杜莎（Medusa），生下克律薩俄耳（Chrysaor）和雙翼馬佩加索斯（Pegasus）。

希拉與伊克西翁（Ixion），生下半人半馬。

厄洛斯與刻法羅斯（Cephalus），生下法厄同（Phaëthon）。

特提斯與佩琉斯（Peleus），生下英雄阿基里斯（Achilles）等等。

圖 1.15　希臘眾神像和奧林匹克神殿

5・羅馬神話與希臘神話

羅馬神話是因襲希臘神話而來，並沒有獨立的神話譜系。所以羅馬神話中的諸神與希臘神話中的諸神基本上是重複的，只是這些神話人物有了自己的羅馬名字。以下是他們的希臘羅馬名字對照：

宙斯 —— 朱比特（Jupiter）

希拉 —— 朱諾（Juno）

波賽頓 —— 涅普頓（Neptune）

狄蜜特 —— 刻瑞斯（Ceres）

戴歐尼修斯 —— 巴克斯（Bacchus）

雅典娜 —— 密涅瓦（Minerva）

赫菲斯托斯 —— 武爾坎努斯（Vulcānus）

阿芙蘿黛蒂 —— 維納斯

阿瑞斯 —— 瑪爾斯（Mars）

阿提米絲 —— 黛安娜（Diana）

阿波羅 —— 阿波羅

荷米斯 —— 墨丘利（Mercury）

黑帝斯 —— 普路托（Plūtō）

赫斯提亞 —— 維斯塔（Vesta）

希臘神話故事

1·從映像到傳說再到神化　神話英雄是文學的再創造

希臘神話時代的神祇出現在各個領域，天空、海洋、樹林、溪流、無處不閃爍著他們的光芒。各式各樣的神和各式各樣的人一起，共同生活在這個熱鬧的宇宙之中。我們今天所看到的希臘神話，是人們在追溯那個遙遠時代的浪漫情懷和動人音律的過程之中，用自己的想像與情感再創造出來的。

很多人在讀希臘神話的時候都驚詫於其體系的完整和龐大。不過，這樣的體系不是被現成地擺在我們面前，而是現在的人們從古代流傳下來的文字資料中收集、整理出來的。也就是說，古希臘人自己並沒有為我們留下一部全面記述完整希臘神話體系的作品。我們所讀到的神話故事，本是散落在古代作品的各個角落裡，它們作為古希臘文明的一部分，早已融入古希臘人的日常生活之中。所以，要想看到眾神的最原始的蹤跡，還是要從古希臘開始。

　　在古希臘，絕大多數的神話故事是來自荷馬的《伊利亞德》（Iliad）和《奧德賽》（Odyssey）以及海希奧德的《神譜》的講述。荷馬詩史主要講述的是英雄的故事，中間穿插著諸神的活動；而《神譜》則是第一部比較系統地總結眾神起源演變的作品。但是《神譜》所收集的內容在我們今天看來仍然是很不完整的，因為在它之後希臘神話又得到許多的繼承和發展。

　　第二批描繪神話圖景的人主要是古希臘的悲劇作家們。以艾斯奇勒斯的《被縛的普羅米修斯》（Prometheus Bound），尤里比底斯《美狄亞》（Medea），索福克勒斯的《伊底帕斯王》（Oedipus Rex）和《安蒂岡妮》（Antigone）等一系列精彩作品為代表的古希臘悲劇作品再次豐富了神話的庫存。在這些悲劇中，英雄（或者說人）始

終是舞臺的中心和受關注的焦點，在古希臘，對人自身的關懷和審視達到了頂峰。除此之外，在希臘文學的其他形式以及希臘宗教、建築、繪畫藝術等各個方面都可以搜尋到神話的蹤跡。但是，神話系統的主要來源還是文學。

希臘神話並不只是由希臘人發展起來的，這裡面也有羅馬人的功勞。羅馬人在很大程度上繼承了希臘的神話體系，並用他們自己的方式加以詮釋和發展，使其與羅馬人的原始神祇一起建構起羅馬人自己的神話。我們常常可以在羅馬的文學作品和歷史著作中找到希臘神話的影子，比如維吉爾（Vergil）的《艾尼亞斯記》（*Aeneid*）開頭就有一段關於特洛伊戰爭的敘述。現在的學者們往往將希臘羅馬神話作為一個統一的遺產對待，也只有這樣，我們才能更好地體會到希臘神話延續的生命與脈搏。

2・神族的「三代領導核心」

在希臘神話中，神族的產生和演變是相當複雜的。到目前為止，學者們已經給出了許許多多不同的版本。儘管如此，在神史的最主要環節上，絕大部分版本還是能夠達成一致的。

開天闢地之時，宇宙還是一片混沌，直到地母蓋亞誕生，宇宙中才有了生機。蓋亞自己生下一個兒子，使其成為天神，取名叫烏拉諾斯。烏拉諾斯與其母結合，蓋亞又生下

了泰坦眾神以及其他兩群長相凶殘、力量強大的神祇。這樣，天神、地母以及他們的一大群孩子就構成了開天闢地以來的第一代神祇，烏拉諾斯成為家族之首。

　　然而，這個大家族生活得並不幸福。烏拉諾斯討厭自己的孩子們，將他們一批批地流放到遙遠的地獄深處 —— 塔爾塔羅斯（Tartarus，開天闢地之後先於蓋亞誕生）。蓋亞無法忍受這種殘酷的行為，於是與自己的一個兒子，泰坦神之一的克洛諾斯密謀推翻烏拉諾斯的統治。克洛諾斯在母親的幫助下用一把鐮刀閹割了父親。烏拉諾斯的精液濺到蓋亞身上，使她孕育出了他們的最後一群孩子 —— 復仇三女神（the Furies）。克洛諾斯將父親流放到地獄，同時解放了自己的哥哥姐姐。此後，克洛諾斯娶了自己的一個姐姐雷亞為妻並與其生下了許多孩子，他自己則成為第二個統管宇宙的神。

　　但是好景不長。克洛諾斯跟他的父親一樣懼怕自己的孩子。他害怕他們當中的某一個會在將來推翻自己，就如同他推翻其父烏拉諾斯一樣。於是，每當一個孩子出生，克洛諾斯就將其活活吞進肚裡。就這樣，他先後吞下了赫斯提亞（Hestia）、狄米特爾（Demeter）、希拉（Hera）、波賽頓（Poseidon）和黑帝斯（Hades）。作為母親的雷亞當然十分痛苦，於是，當第六個孩子宙斯（Zeus）出生時，她悄悄地將他藏在了克里特島（Crete），並拿裹著布料的石塊給克

洛諾斯吞下。宙斯在克里特島順利地長大，當克洛諾斯發現他的時候，一切都太晚了。宙斯在祖母蓋亞和一部分同情他的泰坦神的幫助下打敗了自己的父親，並強迫其吐出了自己的五個哥哥姐姐。之後，宙斯將所有反對他的神都趕進了地獄，而他自己則與他的兩個兄弟波賽頓和黑帝斯分割宇宙的統治權。結果，宙斯統治天空，黑帝斯掌管地下，波賽頓占據了全世界的海洋。

大局既定，宙斯便滿意地與家族裡的其他 11 個成員一起住進了奧林匹斯山。在那裡，這 12 個神共同統治著整個宇宙，人們稱他們為奧林匹斯眾神，宙斯理所當然成了眾神之王。奧林匹斯眾神代表了所有的新生代神祇，是美麗、力量、智慧與文明的象徵。

3・從混沌到文明人類的理性社會進程

在古希臘人眼中，宇宙是變化運動著的。而且，這種變化和運動不是在同一條水平線上，而是呈螺旋上升趨勢。每一個新神統治權力的確立看起來好像是對舊神經歷的簡單重複，但實際上每一代新生神祇都比老一代神祇更加靠近文明，並且他們的統治也更加有秩序。

很有代表性的一點是亂倫現象。在第一代神中，蓋亞與烏拉諾斯既是母子又是夫婦，這種關係在現代人看來幾乎是最荒謬且無法忍受的不道德行為。而到了第二代和第三代神

祇，情況就稍稍好了一些，因為克洛諾斯和雷亞、宙斯和希拉都是兄妹關係，但這仍然是違背倫理的。但是在最後，當宙斯的子女，如雅典娜、阿波羅等出生之後，任何形式的亂倫都是不被接受的，無論是在神界還是在人間。由此，我們可以很清楚地感受到古希臘人對宇宙秩序認知的提升和他們自己社會的前進步伐。

還有一個很值得注意的現象就是，每一代神祇的「綜合能力」都在不斷地提高。蓋亞與烏拉諾斯在神話中幾乎沒有任何關於形體和力量的描繪，其形象是很抽象很原始的。而以克洛諾斯為代表的泰坦眾神比起他們的父母來就強多了，他們不僅強勁有力，還在神族發展中造成了決定性的作用。此後，宙斯和他的兄妹們以人的形體出現（當然，那時候還沒有人），推翻了舊一代神祇不合理的統治，開創了宇宙的新局面。而且，經歷了長期、混亂的戰爭之後，宙斯和他的兄弟們終於不再像他們的父輩那樣將宇宙的分割問題訴諸武力，而是安靜地坐下來用公平的方式來決定。同時，宙斯也不再像舊一代神祇那樣野蠻地驅趕和吞噬自己的兒女；相反地，他願意在自己略高一等的前提下與家庭中的其他 11 個成員分享宇宙的統治權，這已經是非常難能可貴的了。

至此，宇宙經歷了從混亂到有序的一個明顯的轉折。然而，此時的宇宙也只不過是有了最基本的秩序與常規，宇宙真正的開化是由以阿波羅、雅典娜、阿芙蘿黛蒂等為代表的

最年輕一代神祇來完成的。這一代新生神祇的出現，為宇宙帶來了真正意義上的文明——藝術、詩歌、音樂、智慧、力量和高度凝聚的美感始終圍繞在他們的周圍。他們教會婦女技藝，賜予詩人靈感，引導英雄們完成自己的使命。這一代神，可以說是整個神界的真正活力所在。

由此可見，希臘神話系統的最初演變是一個由混沌到文明的過程，而這個過程也正是人類社會從蒙昧到開化的過程在神話中的折射。其實不止希臘神話，很多民族的神話都遵循著一個軌跡，因為這正是人類歷史向前發展所遵循的軌跡。

4・宙斯的「情絲」連起了眾神

希臘神話這個龐大的體系主要是由兩大版塊組成，一個是神的傳說，一個是英雄的故事。這兩個版塊並不是各自獨立的，相反，它們的高度交錯往往令我們眼花撩亂。乍一看，這個紛繁的網絡好像根本沒有頭緒，但事實上，喜愛幻想的古希臘人已經用一種相當浪漫的方式解決了這個問題。

在讀希臘神話的過程中人們會發現，除了威嚴與力量，多情的宙斯還有一個拈花惹草的壞習慣，以至於希拉每天紅著眼睛跟在他後面。就目前的體系來看，宙斯的情人有 150 位之多，而私生子女的數目又遠在這個之上。如果我們把他的情人們按照神和人分為兩類就會發現，宙斯與女神們所生

的孩子是新一代的神，而宙斯與人類女子所生的孩子都成了人群中的佼佼者，也就是說，他們中的絕大多數都成為神話中大名鼎鼎的英雄人物（圖 1.16）。比如，宙斯與希拉生下了戰神和火神，而這兩個神均在奧林匹斯 12 神之列，此外，荷米斯、雅典娜、阿波羅、阿提米絲等奧林匹斯神以及繆斯女神（the Muses），美惠三女神（the Graces），普西芬妮（Persephone）等都是他的子女；再看英雄，著名的海克力士、柏修斯、成為雙子星的攣生兄弟 Caster 和波路克斯等都是宙斯的私生子，更別提把人間攪得沸沸揚揚的海倫了。

圖 1.16　宙斯的英雄後代

除此之外，無論是神界諸神，還是人間的英雄、統治者、先知都多多少少能跟宙斯本人扯上點血緣關係，不管這個關係繞了多少彎子。

由此可見，宙斯作為眾神之王並不只是因為他的力量。古希臘人把他放在這個位置上是頗費苦心的。神話體系的龐大網路從宙斯出發，四向發散開來，神與英雄的故事交織在一起，共同構成希臘神話完整的全貌。

5．神相同，神不同

奧林匹斯 12 神共同生活在希臘最高的山峰 —— 奧林匹斯山上，他們各有各的管轄範圍，也各有各的個性。奧林匹斯眾神的精華是新生代神祇，也就是宙斯的子女這一輩，而在這一輩中，最能挑起推動文明進步這個大梁的莫過於阿波羅和雅典娜（圖 1.17）了。這兩個神的品質合在一起可以說是基本具備了當時文明的全部特徵：光明、真理、藝術、文學、智慧、力量、技藝、民主和美感。所以他們也算得上是新生代神祇的典範。而其他的神祇，雖然各有各的本事，但都相對單一，不具有如此強的代表性。

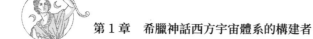

圖 1.17　阿波羅和雅典娜

　　12 個神中有兩個是管戰爭的，即阿瑞斯和雅典娜，但是，這兩個戰神有質的不同。阿瑞斯象徵著男性的力量，但同時，在這種強大力量的背後是對戰爭的瘋狂崇拜和血腥般的殘酷。無論在哪裡，只要有戰爭，人們都可以看到阿瑞斯的身影，而且戰爭的雙方都向他禱告求勝。這就是說，阿瑞斯的參戰是無條件的，他為戰爭而戰，他所偏袒的那一方不一定是正義的那一方。總之，阿瑞斯所展現出來的是戰爭的暴力面。雅典娜也掌管戰爭，但是她的參戰是有條件的，她只倡導為自衛或正義

而戰，並常常喜歡用智慧來贏得戰爭。她所展現的是戰爭中更加理性、更加進步的一面，這也正是勝利女神為什麼總是站在雅典娜一邊的原因——勝利並不是利用暴力就能得到的，人們嚮往的是更加平等、更加和平的生活。

作為 12 神中僅有的兩個處女神，阿提米絲和雅典娜備受宙斯寵愛，但是這兩個女神卻有著截然不同的風格。雅典娜相對來說更加冷漠，她是所有女神中唯一一個沒有緋聞的神。而且，雅典娜和阿波羅一樣是一個城市（文化）神祇，她的特質與活動是與城市文明緊密相連的。再加上她又掌管戰爭，並且誕生之時全身鎧甲從宙斯頭中躍出，因此，她總是帶著一種近似男性的強而有力的美感並擁有相當理性的智慧。阿提米絲則截然不同，作為月神的她整天奔跑在山野樹林之中，和一群女伴狩獵嬉戲，明亮健康又溫柔可親，還時不時地與某個美少年來個夢中相會。所以，阿提米絲不僅更像一個鄉間神祇，而且是希臘神話中非常受歡迎的女神之一。阿芙蘿黛蒂也美，但是她的美帶著一種情慾氣息，相比之下就俗多了。

6·神人產物的英雄，悲劇性的人物

潘朵拉的盒子（圖 1.18）與被縛的普羅米修斯使人類從誕生起的那一刻就帶上了悲劇的色彩，而古希臘的英雄們又在這一背景上抹上了凝重的一筆。古希臘語中，潘是所有的

意思，朵拉則是禮物。「潘朵拉」即為「擁有一切天賦的
女人」。她是希臘神話中宙斯用黏土做成的地上的第一個女
人，作為對普羅米修斯盜火的懲罰送給人類的第一個女人。
眾神亦加入使她擁有更誘人的魅力。根據神話，潘朵拉出於
好奇打開了一個魔盒，釋放出人世間的所有邪惡 —— 貪婪、
虛無、誹謗、嫉妒、痛苦等，當她再蓋上盒子時，只剩下希
望在裡面了。

圖 1.18　潘朵拉的盒子

　　本來，英雄是神與人的兒子，有著超乎常人的美、力量、
智慧與勇氣，但是，介於人神之間的這個位置卻處處透露著
無奈：無與倫比的功績帶來的是無法想像的痛苦；挑戰神的

雄心帶來的是神明殘酷的報復；想擺脫命運結果反而被命運控制得更緊。古希臘人將悲劇性的英雄主義與宿命論完美地融合在一起並注入活生生的軀體中，從而製造出一種心靈所無法承受的殺傷力。

值得注意的是，希臘神話中的英雄形象並不是平面化的。雖然他們的光輝令人目眩神迷，但他們的靈魂卻是多面的。一般來說，絕大多數英雄都接受過很好的教育，他們不僅技藝超群，而且對詩歌、音樂、藝術和美有著相當高的領悟能力。他們理智卻又衝動，堅強卻又脆弱。當受侮辱的阿基里斯獨自坐在海邊撫著豎琴悲傷地流下眼淚的時候，當不死的波路克斯決定與死去的弟弟分享自己永恆的生命的時候，當提著美杜沙的頭從空中經過的柏修斯因為看見大理石般蒼白而美麗的安朵美達（Andromeda）而忘記飛翔的時候，英雄們最真實、最柔弱的一面終於向我們敞開了。

英雄是人，但又不是人，這就是他們最深切的痛苦之所在，但這也正如此他們才能這樣耀眼。雖然每個英雄都不完美，但是他們那流星一般的生命卻給人們留下了十分唯美的印象。古希臘人對生命的追問和思索也因為英雄的傳說而伸展到了極致。

7．神和人

在人類所創造的眾多神話世界中，希臘神話圈算是最熱鬧、最有趣的一個了。北歐的神話世界也很熱鬧，但是那種熱鬧是以一種肅穆寧靜而且略帶悲壯的氛圍為背景的，絕不像希臘神話這般徹底世俗化。在希臘神話裡，神與人的故事交織在一起，錯綜複雜。希臘的眾神與其說是神，不如說是神化了的人。他們與人的區別僅在於形體與力量上，而在性情方面，神並不比人更像神。

就拿個人道德來說，希臘的神幾乎都有七情六慾，很多神祇都做過不光彩的事情，以宙斯為首的奧林匹斯眾神尤為明顯。宙斯本人就非常頻繁地透過各種途徑去追求老婆以外的女人，為此，他變過牛，變過馬，變過鵝，總之為了達到目的他什麼都肯變。他的情人，上至女神，下至仙女，再至人間的公主，美少女，不勝枚舉。有了眾神之王作榜樣，其他神當然多多少少也肆無忌憚起來。冥后是黑帝斯用非法手段搶來的（宙斯對此睜一隻眼閉一隻眼）。阿芙蘿黛蒂嫁了火神卻又與阿瑞斯私通，結果被丈夫捉姦，成為神界一大笑柄。三個女神為了比美而引出長達十年的特洛伊戰爭（圖1.19）。阿波羅為了報復阿基里斯向他的挑戰而不惜採用卑鄙的手段，而且曾與妹妹阿提米絲一起殘酷地殺死了尼俄伯（Niobe）的全部兒女。可以說，嫉妒、復仇、殘暴、色情這

些東西對希臘的神來說並不是禁區。雖然神話世界的總體面貌是有序的、公平的，但是各個細節的混亂使這個世界看上去非常喧譁，幾乎到處都是糾紛。而神祇們一邊要忙著主持公道，一邊還要滿足自己的私慾，看上去真的是很為難。

圖 1.19　特洛伊戰爭

而亂上添亂的是，奧林匹斯眾神不僅在山上吵架，還常常插手人間的事情。比如在特洛伊戰爭中，神祇們就自發地分成兩支啦啦隊，一支為特洛伊人修牆挖坑（阿波羅和波賽頓），一支為希臘人搖旗吶喊（雅典娜和希拉），把本來就十分慘烈的戰爭搞得越發不可收拾。而不得不採取中立態度的宙斯其實是最苦惱的了，到底幫哪邊？戰場上，一邊是自己喜愛的英雄阿基里斯，一邊是虔誠的特洛伊人。回到家裡，一邊是老婆女兒，一邊是兄弟兒子。嗚呼哀哉！

人們在世間的經歷，經過一番美化潤色被搬到了奧林匹斯山上。古希臘人的想像力與幽默感實在讓人心服口服。

8・下地獄，開啟絕望之門

在荷馬所想像的奧林匹斯山上，每一朵花都為金色的陽光所籠罩，沒有風暴雨雪，永遠是最神聖的寧靜，雲霧封鎖著它的入口，由四季女神掌管著。宙斯和他的家族居住在火神修建的宮殿裡，喝著瓊漿玉露，聆聽美惠三女神迷人的歌聲。與此同時，在碧波萬頃的大海上，波賽頓架著金蹄白鬃的駿馬，風馳電掣般掠過翻滾的海浪，就連躲藏在海底嬉戲的碧髮的美人魚也能感受到他的威力所帶來的搖撼。然而，當活著的人還在享受現世的歡樂的時候，各式各樣的亡靈卻正在透過地獄之門墜入永恆的深淵 ——「入此門者，請放棄所有的希望。」（圖 1.20）

圖 1.20　但丁的《神曲》中地獄篇的第三首—地獄之門

冥王黑帝斯所統治的國度遠沒有他兩個兄弟的迷人。在那個黑暗陰冷的地方，沒有鮮花盛開，沒有微風拂過，沒有清泉湧出，更沒有鳥兒歌唱，來來往往的只是人們絕望的靈魂。這是一個非常特殊的地方，因為奧林匹斯的光芒照射不

到它，熱愛生活的人們害怕靠近它，所以它在希臘神話的世界中有了自己獨立的體系，成了一個國中國。

冥界分為兩個部分，一個是塔爾塔羅斯（Tartarus），一個是伊利西亞（Elysium 或 Elysian）。塔爾塔羅斯是地獄最深的地方，自開天闢地時起就存在，那裡不僅關押著在神話時代眾神的戰爭中被打敗的舊一代神祇，還是所有罪人死後要去的地方。因此，塔爾塔羅斯總是被一堵無比堅固的銅牆所包圍，外面是層層黑夜。如海希奧德所想像，一塊銅砧從天上落到地上需要花九天九夜的時間，而它從地面落到塔爾塔羅斯也需要花同樣長的時間。與塔爾塔羅斯相反，伊利西亞是一塊供受神眷顧的人死後居住的美好的淨土，古希臘的英雄當中有很多死後都去了那裡。雖然它不像塔爾塔羅斯那樣令人絕望，但也多多少少地沾上了地獄永久的憂鬱與寒冷。

黑帝斯是冥界的王，統管著這個黑暗的地下王國，也正由於這個緣故，他在眾神祇中並不很受歡迎。他常常被描繪為坐在一張烏木椅上，手握權杖並戴著頭盔。這個頭盔是來自舊一代神祇的禮物，可以使他隱形。這種裝扮再加上冥界的陰沉，使冥王顯得十分強大而且冷酷無情。不過事實上，黑帝斯的形象也是很多面化的，他也有無奈的時候。當奧菲斯（Orpheus）抱著豎琴來請求黑帝斯使他死去的情人復活的時候，黑帝斯因為被他淒美的琴聲所打動而答應了他的要求。更有一次，黑帝斯被大英雄海克力士鎖了起來，以至於地面

上不再有人死去，亡靈紛紛復活，人間亂成一團，最後還是由宙斯出面擺平了此事。

與黑帝斯相比，普西芬妮就可愛多了。普西芬妮是宙斯與農神狄米特生的美貌女兒。一天，當她和她的女伴們在花園裡採花的時候，大地裂開，黑帝斯架著馬車搶走了普西芬妮。狄米特失去了女兒，傷心欲絕，不再像往日一般在地面上巡視，人們於是開始承受第一個顆粒無收的寒冬。把這一切看在眼裡的宙斯派神使荷米斯去與黑帝斯商量，要他放回普西芬妮。此時的普西芬妮已經成為冥界的王后，黑帝斯十分寵愛她，但她仍然無法忘記明媚的陽光。無奈的黑帝斯在普西芬妮離開之前給她吃了地府裡的一顆石榴，這樣一來，普西芬妮在一年之中就至少要有 1/3 的時間留在冥府，而在其他時間，她可以自由地留在地面上與她的母親團聚。從此以後，每當普西芬妮在地面上時，狄米特讓萬物生長，而女兒返回冥府後，狄米特就閉門不出，這就是冬季的起源。

冥王與冥后成為很多畫家喜愛的描繪對象。冥王常被畫成一個身披黑袍健壯魁梧滿臉鬍子的中年男子；而冥后則多半是秀麗單純的少女，手中拿著一個石榴，人們喜歡她，同情她，因為她給地獄帶去了美與生命（圖1.21）。

我們通常所說的「地獄」其實就是塔爾塔羅斯，它又分為好幾層，地獄的入口處豎立著地獄之門。門上刻有銘文：

「通過我，進入痛苦之城，通過我，進入永世淒苦之深坑，通過我，進入萬劫不復之人群。」

離開地獄之門不遠就來到了第一獄阿克隆河（Acheron）邊。河岸上滿滿的是各式各樣的亡靈。阿克隆河的擺渡者卡隆（Charon）負責將他們擺渡到河對岸。而那些既沒有功績也沒有錯誤，一生平庸，碌碌無為的人們卻不能過河，只能永遠地在阿克隆河邊呻吟徘徊。

圖 1.21　冥王搶來了老婆普西芬妮，她在一年之中至少要有 1/3 的時間留在冥府，大地在這期間就要經歷寒冬

第二獄的入口處坐著審判者米諾斯，他將根據亡靈們生前的罪行來決定他們應該被打入第幾獄，而第二獄本身囚禁著因淫慾而犯罪的人們。這一獄終年刮著刺骨的黑風。

第三獄裡下著冷雨，這裡是貪吃者受罰的地方。他們將被三頭巨犬 Cerberus 撕碎。

第四獄是關押貪財者和揮霍者的地方，他們死後仍然為金錢而瘋狂，永遠得不到安寧。

過了第四獄就來到冥河（Styx）邊上，這裡是第五獄的所在地。狂暴易怒的人的亡靈在這裡互相撕打。冥河是地獄所有河流中最有名的一條。浸了冥河水的人刀槍不入。而如果哪個神祇以冥河水的名義起誓卻又違背誓言的話，他就會變成啞巴。

9・夏娃與潘朵拉都是人間的「禍害」

分別作為希伯來神話與希臘神話中的第一個女人，夏娃（Eve）與潘朵拉（Pandora）是人類災禍的開始。男人自誕生起就擁有俯視萬物的高貴姿態。本來，在《聖經・創世記》裡，「man」這個詞僅僅是用來指稱男人的，但是後來，人們便逐漸用它來泛指人類。與此相反，「woman」則是作為一種附屬物出現的。

在夏娃吃禁果的時候，或者更準確地說，在她產生這個念頭的那一瞬間，她就已經墮落了。而潘朵拉呢，她沒有任何真正屬於自己的東西，除了用來創造她的泥土和水，其餘的光彩和品質全是來自眾神的禮物。她手中的盒子成了災禍的象徵——神創造她的目的就是懲罰人。所以，從這個意義上

講，潘朵拉和夏娃還是有不同之處的：夏娃是人類墮落之始，而潘朵拉則是神懲罰人的工具。但不管怎樣，這兩個女人出現之後，《聖經》與希臘神話中的人類世界就開始變得骯髒、混亂和罪惡，以至於最後上帝和宙斯都不得不用大洪水來作一次徹底的沖洗。

值得注意的是，夏娃摘下禁果的原因除了撒旦的引誘之外還有自己好奇心的驅使，而潘朵拉開啟盒蓋則完全是出於好奇。為什麼一定要把好奇心與女性連結起來呢？為什麼這種罪惡的角色要由女性來承擔呢？答案可能很複雜。但毫無疑問的是，神話是人寫的，人在神話世界所擔任的角色是人自己定義的，這種定義隨著神話的世代流傳而變得穩定、深入，而女性的歷史角色也就被如此自然地固定下來了。

「You would know both good and evil as gods.」——《失樂園》中的撒旦這樣對夏娃訴說偷吃禁果的好處。夏娃面臨的選擇我們現在仍然面臨著：是要無辜的蒙昧，還是要罪惡的智慧？是做神的順民，還是做自己的主人？實際上，我們現在仍然選擇夏娃的選擇。這種選擇到底是好、是壞，會帶來怎樣的結果，誰也說不清 —— 世界真的會走向最終審判的那一天嗎？不過，有一點是確定的：如果我們仍然選擇著夏娃的選擇，又認為我們的選擇正確的話，我們就不能說她是有罪的。

潘朵拉的情況稍有不同。當宙斯發現普羅米修斯教會男人們怎樣用火，怎樣耕種，甚至怎樣欺騙他時，他認為人的智慧和人對神的挑戰已經走得太遠了（我相信這種感覺多多少少也存在於上帝的心裡——當他發現亞當與夏娃因裸體而害羞的時候——人怎麼能像神一樣明智呢？）。於是，宙斯發誓要使有罪的人受到應有的懲罰。普羅米修斯因為帶給人靈魂的光亮而被鎖在了高加索山上，男人因為得到了這樣的光亮而必須接受女人的存在——當然，這種存在是一種懲罰、一種折磨，是災禍的發端。因此，男性形象總是與理性連結在一起的，而女性形象，至少在中古及其以前的西方，則多半是被描述為好奇和無知。其實，潘朵拉的無知是神賦予的，她的一無所有正好表明了她的無辜。遺憾的是，她碰巧是一件被利用的工具，她碰巧拿著一個裝滿災難的盒子，而且，她碰巧是女人。

相比之下，中國的神話就很不一樣了。雖然女媧是一個神，但是她所擔當的角色與夏娃、潘朵拉是相對應的。作為一個偉大的富有犧牲精神的母親，女媧展現出中國神話在早期對女性特有的寬容甚至崇拜。

10・人類最幸福的美女 —— 海倫

海倫是古希臘神話中那個「世界上最美的女人」。當古希臘軍隊為她的美揚帆地中海的時候，她一定想不到在很久

很久以後的中國，有一個叫楊玉環的女子也是因為長得美而被吊死在馬嵬坡。

古希臘人的最大特點之一就是對美赤裸裸的狂熱追求。在希臘神話中，美少年因為愛上了自己無雙的倒影溺水而死；阿提米絲為了讓自己俊美的情人永保青春而寧願讓他長睡不醒；宙斯所追求過的一百多個美人讓人目不暇給；賽姬（Psyche）的絕世驚豔甚至讓愛神厄洛斯本人墜入愛河；美杜莎為了與雅典娜比美而付出了慘重的代價；黑帝斯不顧一切地搶走了可愛的普西芬妮；神宴缺少了美惠三女神婀娜的舞姿便不再有味……希臘神話世界處處點綴著美的光環。

希臘人對美是極寬容的，尤其是對女性的美。他們不在乎這種美是否會帶來災難，不在乎為了追求這種美會付出多大的代價。潘朵拉是禍，可是她仍然被接受了，因為她實在是太美了，希臘人抗拒不了。三個女神為了爭一個寫著「獻給最美的女神」的金蘋果而吵得不可開交，而帕里斯（Paris）為了得到世界上最美的女人的愛寧願放棄至高無上的權力和戰爭勝利的光榮；接下來，希臘人為了搶回海倫而血濺特洛伊；再接下來，墨涅拉俄斯（Menelaus），海倫的前夫，高高興興地拉著她的手回到希臘，繼續過他們從前的小日子，彷彿那十年戰爭只是一瞬間空白的別離。古希臘人天真、單純、投入地愛著美。

相比之下，中國的美人們就可憐多了。月下的貂蟬、湖邊的西施、塞外的昭君、宮中的楊玉環，哪一個不是為美所累？她們的美是受壓抑的，並沒有得到真正的、完整的承認。不止中國，就是在後來的歐洲 —— 那樣一個以希臘文明為源頭的歐洲文明 —— 也沒有哪一個歷史時期的人能像古希臘人那樣賦予美最崇高、最純潔的意義。一想到此，我們不禁覺得，沒有哪裡的美人能比古希臘的美人更美，也沒有哪裡的人在欣賞美的時候能比古希臘人更幸福了。

西方宇宙體系的演進過程

在西方傳統思想的歷史演進中，空間（宇宙）問題一直是社會發展的一個基本主題。從古至今，人們不斷擴展著關於空間的知識與視野。從古代神話猜想到近代科學的構架，西方傳統空間觀主要呈現出四種：古希臘先民們根據自然聯想構建的神話空間（宇宙）、古希臘哲人構建的自然空間觀、近代自然科學確立的幾何化的物理空間觀和近代哲學形塑的觀念論的空間觀。

實際上，「空間」本質上是一個超學科範疇，人類的哲學、物理學、數學、天文學固然是它的主導框架，但美學、宗教、神學、倫理學發揮的認知功能也不可低估。從古希臘神話到近代科學與近代哲學，對審美的訴求一直影響著

人類空間觀的形成。首先，古希臘的神話世界裡，高於人類的宇宙空間一定是完美、和諧的；其次，希臘自然哲學視域下呈現的是一個閉合的、數學化與等級化的和諧空間；再次，伴隨著近代空間觀「從封閉世界到無限宇宙」的數理審美拓展，以牛頓（Isaac Newton）為代表的近代自然科學出示了一種背景化、幾何化、無限化的絕對空間；最後，在近代哲學領域，由經驗論哲學確立的知覺空間，以及康德（Immanuel Kant）憑藉「認識論審美化」而提出的純直觀空間，一併將近代的哲學空間觀推向了審美自覺。其實，審美的表現也表達了人類對於未知的無辜！

古代西方國家流行的宇宙模型

今天也許已經沒有人相信太陽是繞地球旋轉的，但是至今為止所經歷的漫長歷史中世界中的多數人曾堅信過 —— 地球才是宇宙的中心，太陽月亮和星星都是圍著地球旋轉的。

在世界各地建立起高度古代文明的人們認為他們自己居住的都市、大地、溪谷這些微不足道的地表部分就是這個世界的中心，他們認知中的地球只是自己居住的自然環境，一個有限範圍而無其他，因此也就出現了各種「唯我獨尊」式的宇宙觀。隨之，為了讓所謂的宇宙觀更具意義而衍生出獨自的宗教和死後的世界觀，從而發展成文明。這些古代人的宇宙觀幾乎全是依據創世神話和天動學說來發展出自我獨特的宇宙。

古巴比倫人居住的大地被大洋環繞著，而這些大洋則被高
岩絕壁所圍繞，所以他們認為猶如紡錘形的天空像是拱橋一
樣搭在上面，天棚的裡面則是一片黑暗，天棚的東西各有一
個洞，太陽和月亮在這裡進出所以才有日夜交替（圖 1.22）。

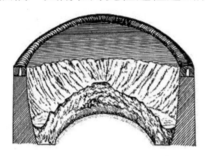
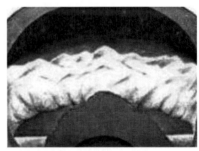

圖 1.22　古巴比倫人心目中的宇宙

　　古埃及人認為地球是被植物覆蓋躺臥著的女神蓋布
（Geb）的身姿，天神努特（Nut）則彎曲著身體被大氣之神
支撐，太陽神和月神各自乘坐兩艘小船每天橫穿過尼羅河消
失在死亡的黑暗中（圖 1.23）。

圖 1.23　古埃及人的宇宙裡，各位神各司其職

古印度人認為世界是由三頭大象支撐著（圖 1.24a）。三頭巨象乘坐在毗濕奴之神化身的巨大龜背上，象動時就會發生地震，而那些大龜坐在化身為水的眼鏡蛇上，與眼鏡蛇長長的尾端連接的地方則為天境。

　　馬雅人認為這個世界是被水包圍著的大圓盤（圖 1.24b），圍著圓盤的水與天一體，四個地方有神用手臂支撐著。天界由十三界構成，那裡住著象徵著星星、夜和黑暗的龍。而地下界則有九界，死者生前的行為將決定他們去哪一界，如果落入第九界將會消失得無影無蹤，祭祀或是戰死則可以去天國。

圖 1.24　古印度人（a）和馬雅人（b）的宇宙都很奇特，
充滿了自身文化的特色

　　古希臘人相信這個世界的所有物質都由火、氣、水、土四種元素組成。天體是像玻璃一樣的透明物質形成附著在 56 個天球（星體）上旋轉。中心的地球則為天球，掌管宇宙的

神都住在距離雅典 240 公里遠的奧林匹斯山上。

　　希臘天文學是近代天文學的直接淵源。依據前後年代對大自然的看法差異，古希臘天文學大致上可分成四個主要的時期，或說前後形成的四個學派。也就是，西元前 7 世紀起，泰利斯（Thales of Miletus）提出以「思辨」方法來探究和理解宇宙形狀、功能和基本組成的愛奧尼亞學派（Ionian School，或稱為 Milesian School）；主張「球形大地」的畢達哥拉斯學派（Pythagoras　School）；西元前 4 世紀，提出「同心球宇宙」構思的柏拉圖學派；西元前 3 世紀，善於應用天文觀測和測量方法的亞歷山大學派（Alexandrian School）。圖 1.25 就是集古希臘天文學大成的托勒密地心系統（Ptolemaic system）。

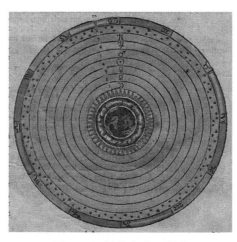

圖 1.25　托勒密地心體系

在中世紀的歐洲人們相信這個世界是個圓盤（圖
1.26a），只有亞洲、歐洲、非洲存在。分開這三塊大陸的是
頓河（俄羅斯）、紅海、地中海，圓盤的中心是耶路撒冷，
伊甸園在非洲某處。中世紀的宇宙繪圖（圖1.26b），看上
去很美，充滿了想像力。

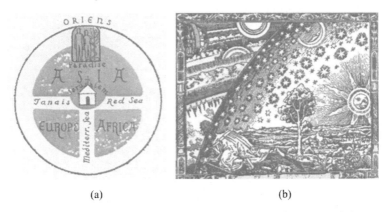

(a)　　　　　　　　　　(b)

圖1.26　中世紀歐洲人的世界地圖（a）和他們設想的宇宙（b）

被認為是絕對真理的宇宙觀是出於基督教。《聖經》裡
以色列人的宇宙觀如圖1.27所示，圖中有「天水」，有
「地函火炎漿」，方便解釋下雨、地震、火山爆發。圖中居
然還有「臭氧層」，不會是畫錯了吧？嚴重懷疑！而且，管
理天水的水閘由誰來開？阻擋天水的層層保護膜是什麼材料
製成的？這些問題恐怕現代科技都無法解答。

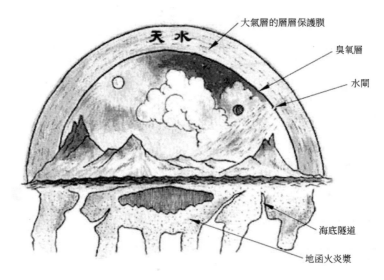

圖 1.27　據說是《聖經》裡展示的以色列人的宇宙觀，
嚴重懷疑此圖的繪製年代，姑且作為一個現代神話畫面吧

　　古印度人認為，大地是三隻大象背著的半球；類似的，古俄羅斯人認為，大地是由三條鯨魚馱著的圓盾等等。兩個民族都有個動物「馱著」大地，為什麼？

　　因為，如果大地是被什麼動物馱著，那麼大地的晃動，比方地震火山爆發等，才會有合乎道理的解釋。而那些馱著大地的動物，一定是巨大無邊的，那麼它們平時怎麼看不見呢？只有潛伏在大洋深處的動物，才可能使世人看不見。同時，也只有浩瀚無邊的大洋深處，才可能藏得住那麼巨大的動物。所以，許多的創世神話都是先有水。

15 世紀末到 16 世紀初，西方國家開始了環球航行。正是這一系列的航行，帶來了地球上的地理大發現，不僅發現了美洲，發現了印度，更發現（證明）了地球原來是個圓球。這才徹底終結了這些美麗的神話傳說。

人類宇宙觀的社會性哲學演進

自從地球上有了人類，為了自身的生存和繁衍，便在觀察天地萬物的變化中逐步形成自己的宇宙觀。由於人們生存的地域不同，生產和生活方式不同，思維方式各異，不同地域的民族往往具有不同的宇宙觀；同一民族由於階級、階層、個人的社會地位不同，觀察宇宙的角度不同，加之其他原因，也往往具有不同的宇宙觀。更為重要的是，宇宙觀隨著人們實踐和認知程度的提高而變化，隨著科學和時代的進步而演進。

1・古代主客不分天人合一的宇宙觀

遠古時代，由於人類實踐和知識的低下，自覺的主體意識薄弱，人類與整個宇宙還處於渾然一體之中，把人自身與天地萬物同等看待，把宇宙視為天地萬物包括人類的存在和變化的時空總體。《墨子・經上》中說：「宇彌異所也。」、「久宙彌異時也。」《淮南子・齊俗訓》中說：「往古來今謂之宙，四方上下謂之宇。」古代宇宙觀思考的重點是：宇宙

萬物包括人類自己的本源是什麼，換言之，宇宙萬物發生並統一於什麼基質，這屬於單一維度的宇宙觀。

中國古代哲學的宇宙觀是這方面的典型代表：把人與萬物統歸於道，主張「道始虛廓、虛廓生宇宙、宇宙生氣、氣有涯垠」，「道生一、一生二、二生三、三生萬物」。儒家的宇宙觀經過與陰陽家的合衍產生「天人感應」說。「五行說」也是中國古代的一種宇宙觀：以金、木、水、火、土相生相剋解釋天、地、人宇宙萬物的存在和變化。

西方古代哲學宇宙觀，不論是把「水」視為宇宙的本源，還是把「火」視為宇宙的本源，或者是把「種子」、「原子」視為宇宙的本源，各種觀點大致上都有一個共同點：人與自然渾然一體，都有靈魂，歷史上稱之為「物活論」（Hylozoism）或有機論，即人與萬物相通，宇宙整體統一變化。

當然，不論中國和西方，古代哲學宇宙觀中都有人類主體意識的萌發。比如中國古代，就有荀子「人定勝天」的思想。在古希臘，也有普羅達哥拉斯（Protagoras）「人是萬物的尺度」的驚世名言。甚至在蘇格拉底、柏拉圖和亞里斯多德師徒三人的哲學中，已有了人類中心論的思想萌芽。人類中心主義思想的萌發，意味著人類主體意識和自我意識開始提升。當然，上述思想不是古代宇宙觀的主流。主流思想是自然崇拜。自然崇拜走向神祕主義，達到極端，便形成神學宇宙觀。

西方的神學宇宙觀的典型代表首推基督教思想家聖奧古斯丁（Augustine of Hippo），他主張宇宙萬物都是上帝創造的。這種宇宙觀發端於舊約全書，集大成於多瑪斯・阿奎那（St. Thomas Aquinas）。這種宇宙觀把上帝凌駕於天地萬物之上，視上帝為宇宙之本，主張「人類最高的完善絕不在於和低於自身的事物相結合，而在和高於自身的某種事物相結合」。神學宇宙觀漠視人和自然，盲目崇拜上帝，嚴重影響了人類和宇宙奧祕的探究，影響了科學和社會的發展。

但是，神學宇宙觀把上帝置於人與自然之上的同時，也把人置於宇宙中心，也就為把上帝架空割斷天、地、人與上帝的連結，為自然的獨立存在和人類與自然並存對立，乃至萌生人類中心主義埋下了伏筆，從而為近代宇宙觀的產生奠定了基礎。

2・近代主客對立天人兩分的宇宙觀

西方的文藝復興運動爭取了人類理性的解放，啟開了近代宇宙觀的大門。近代宇宙觀以近代自然科學的興起為支撐，確立起人類對世界、對宇宙的自信。人類主體意識的突顯，把天地萬物置於人類認知主體對立的客體位置。主客對立、天人兩分，宇宙整體被科學肢解。培根（Francis Bacon）「知識就是力量」的宣言，意味著近代哲學宇宙觀開始塗上人類中心主義（anthropocentrism）的濃重色彩。

笛卡兒（René Descartes）把宇宙分為對立的兩種實體：「廣延物（res extensa）」不能思維和「思維物（res cogitans）」沒有廣延，是最典型的主客對立、天人兩分的二元論的宇宙觀。牛頓與他有所不同，把由不變的原子構成的天地萬物在機械的力學規律下統一起來，人及其思想只是機械實體的衍生物。他在克卜勒天體運動三大定律（Kepler's law）的基礎上把天地統一起來，提出了著名的經典力學。

牛頓認為萬有引力維繫著天地萬物的機械運動存在，上帝給了宇宙「第一推動力」後，宇宙萬物就在絕對不變的時空中按照普遍力學規律絕對必然地運動下去。牛頓的機械論宇宙觀從根本上動搖了神學宇宙觀，但又具有不徹底性。牛頓把宇宙的一切現象都歸結為機械運動，影響極為深遠。

康德的「星雲假說」（nebular hypothesis）提出宇宙以及太陽系是一個生成過程，將牛頓絕對不變的宇宙觀打開了一個缺口。拉普拉斯（Pierre-Simon, marquis de Laplace）在幾年後也獨立地提出了「星雲假說」，進一步動搖了牛頓的絕對不變的宇宙觀。但是他並沒有真正衝破機械形而上學的樊籬，仍以牛頓的機械力學規律描述宇宙的變化，認為一切變化都是確定必然的，而偶然的隨機的事件正如拉普拉斯《論機率》中所說：「由於對這類事件與整個宇宙系統之間的連結的無知，是我們對真實原因無知的表

現……我們應該把宇宙的目前狀態看作是他先前狀態的結果，並且是以後狀態的原因。」

繼康德之後，黑格爾（Georg W. F. Hegel）把德國古典哲學推向頂峰，反對主客對立、天人兩分的機械宇宙觀，認為「自然界是一個有機體，為精神活動所滲透，自然界的一切過程都應該用精神的內在活動來解釋，而不應該用物質的外在活動來解釋……把自然界視為宇宙精神透過矛盾鬥爭的產生的外化，認為宇宙精神在自然界的發展中經過機械階段、物理階段和生命階段，在人的心靈中達到了自己的充分展現，因而人是整個宇宙發展過程的縮影」。以人本學唯物論恢復了主客對立、天人兩分的觀點，這種觀點特別表現在社會與自然的對立上。

近代主客對立、天人兩分的哲學宇宙觀，促進了人類作為認知主體對客體的掌握，發展了科學，推動了近代社會的進步，但在總體宇宙觀上卻是退步：它割斷了人類主體與客體的內在連結，雖有掌握宇宙的雄心，卻往往陷入不可知論的尷尬，從而影響科學的發展。黑格爾的宇宙觀力圖克服主客對立，但以神祕的宇宙精神作為主客統一和發展的原動力，遭到自然科學家和舊唯物主義者的鄙視，雖然顯得態度有些偏激，卻也在情理之中。

3‧現代主客辯證統一的宇宙觀

20 世紀中葉，自然科學的研究領域遠遠超出了機械力學，分門別類的「是什麼」的研究，開始向各領域相互滲透的「為什麼」的研究轉變。宏觀自然科學的巨大進步揭示了天地萬物包括人類之間的相互連結，為主客辯證統一的新宇宙觀奠定了科學基礎。

把客體看作人類認知和改造的對象，把主體看作人類的實踐活動，而人類的實踐活動既是主體又是客體，主客體在實踐基礎上達到辯證的統一。這種新的宇宙觀認為：人是自然界的產物，同時也是實踐的產物，人受自然力的制約，也受實踐力的制約；人在實踐中主動地認知和改造客體，同時也改造主體自身；沒有脫離自然界的人，而「抽象的、孤立的、與人分離的自然界，對人說來也是無」。自然和人類社會都是統一宇宙的一部分，人類社會以自然為基礎和前提，推進人類社會進步就不僅要掌握社會發展規律，也要尊重自然界的發展規律。

第 2 章
中國文明支撐的宇宙體系

　　「創世神話」是一個譯自西方的學術術語，但世界各地都有許多的「創世神話」，且被社會視為人類思維的第一個成果和後來眾多學科發生的源頭。「創世神話」更是人類認識宇宙、認識大自然、認識自我的開端。

中國「創世神」的來歷

　　中國創世神話經歷了漫長的發展歷程，由最初短小、單一的解釋世界的「釋源」神話最終發展為完整的體系神話，其間經歷了若干發展階段。首先是單一釋源階段：從舊石器時期晚期至新石器時期早中期。簡單採集與狩獵勞作決定了人們的思維還處於單一思維階段，對世界的起源只可能做單一解釋；其次是綜合釋源階段：對應於以神農、炎帝為代表的原始農業高度發展時期。發展到一定階段的農業生產，是一種綜合性的勞動，它訓練和培養了人們綜合思維的能力。人們開始用綜合的視角來解釋世界的起源；再次是系統釋源階段：主要對應於民族、國家形成的奴隸社會初期。民族與國家的逐漸形成，生成了構建共同的信仰體系的需求，人們開始系統地解釋世界。探討和了解中國創世神話的發展歷史，目的是認識中國創世神話的多種形態，認識中國系統創世神話的成因，從而了解「天人合一」思想的根源所在。

中國創世神話發展歷程

　　英國學者凱倫的《神話簡史》探討了神話的發展歷史。她將神話發展史分為幾個階段：舊石器時代的狩獵神話，新石器時代的農耕神話，早期文明時代的神話，軸心時代 ——

大思想家輩出的時代（圖2.1）的神話，後軸心時代的神話。
西方大變革時期為神話的消亡時期。中國神話的發展過程也
具備類似特點。

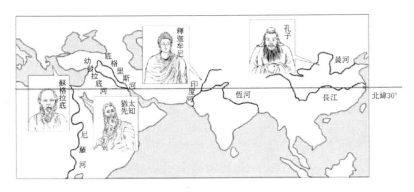

圖 2.1　軸心時代

　　古代神話，雖然是先民原始文化的結晶，但它絕不是
（或不僅僅是）在時間、空間、內涵等方面囿於原始時代的
產物，它有一個經由野蠻蒙昧時代向文明、理性社會進發、
生成、發展的過程。這個過程的「兩級」，就是兩種不同的
神話表象：一是「原始的、單個的神話」，即獨立神話；二
是「文明的、綜合的神話」，即體系神話。類似於西方的神
話體系，中國的創世神話也可以簡單地分為三個發展階段。
第一階段是萌芽階段（單一釋源神話），大約為舊石器時期
晚期，相當於母系氏族社會初期。這一階段的創世神話還不
是真正意義上的創世神話，只是包含了創世神話的因素。第

二階段是創世神話的形成發展期（綜合釋源神話），為新石器時期初期和中期，相當於母系氏族社會的中後期，產生了天地萬物起源和人類起源神話。第三階段為創世神話成熟期（系統釋源神話），為母系氏族社會後期，經父系氏族社會時期到奴隸社會初期，出現了內容複雜的系列創世神話。

1．單一釋源時期（萌芽階段）

這一時期主要對應母系氏族社會：包括舊石器時期晚期至新石器時期早期與中期。

一般認為，神話最早產生於舊石器時期晚期。舊石器時期晚期，人類的心智才基本成熟，神話賴以產生的信仰觀念與儀式才基本形成。這一時期的石器工具有較大改進，並發明了弓箭，能夠用獸皮縫製衣服，主要靠採集和狩獵獲取食物。由於出現族外婚，形成以一個老祖母為核心的氏族制；同時，在當時，存在著自然分工，男子從事狩獵，婦女從事採集。

婦女的採集比男子的狩獵較有穩定性，是可靠的生活來源，這也決定了女性在家庭中的中心地位，因而形成了母系氏族制度。同一氏族的成員都是同姓的，子女也從母姓。這一時期還產生了以自然神、女神為中心的原始信仰觀念與活動。生產力水準有明顯進步，磨製、穿孔石器取代了打製石器；婦女在採集過程中，逐漸了解某些農作物的生長過程，並在房屋的旁邊培植，於是開始出現原始農業生產，同時出

現了家畜飼養、原始手工業等，但採集與狩獵仍是主要的經濟來源。

與這一經濟相適應的只能是簡單而直觀的思維方式。在這種直觀簡單的思維方式支配下，當時的人們思考事物的起源時，也只能對單一的事物的起源作出解釋。所以採集經濟時代所產生的創世神話只能是單一的釋源神話。

由採集經濟產生的創世神話主要是有關植物變人、生人以及部分糧食作物的發明神話。採集經濟與瓜果有著密切連結，因為瓜果是常見的植物類食物，其中瓜類的葫蘆更是與早期的人類結下了不解之緣。葫蘆最初是作為人類一種主要的食物進入人們生活的（圖2.2）。後世一些文獻，還提到了葫蘆的食用價值。《管子·立政》說：「六畜育於家，瓜瓠、葷菜、百果備具，國之富也。」葫蘆與其他食物如六畜、葷菜、百果等一起，被視為國家的財富。

葫蘆與人們的生活密切相關，使人們對葫蘆的形體與習性有了更為細緻的觀察。葫蘆形似母腹，使人們不能不聯想到母腹的生殖功能；葫蘆多籽，能夠繁衍較多的葫蘆。這些都容易使人們認為葫蘆具有極強的繁殖力，並進而產生崇拜，最後導致葫蘆生人神話的產生。

彝族的神話載：在遠古洪水氾濫的時代，從葫蘆中走出了一對男女，他們成婚生子，才有了人類的繁衍生息。傣族

的創世神話也說人與萬物皆由葫蘆所生:「大地光禿禿的,什麼也沒有,只有風、只有水、只有霧,一片淒涼。」造物主破開藏有萬物種子的仙葫蘆,將萬物的種子朝大地拋撒,頓時大地長出各式各樣的植物,第二代的人類也是從仙葫蘆中出來的。而穀種來自天上,落到地面時,老鼠和麻雀先得到,吃下肚後又出來,掉在樹腳下又發出嫩芽。後來才被人類發現,移種在河邊,才歸人所有。

圖 2.2　在古代葫蘆還是國家的財富

　桃子是早期人類經常食用的果類食物,與人類關係密切,再加上桃的繁殖能力很強,容易使人聯想到人與萬物的繁殖,並由此產生桃變萬物與人類的神話。苗族的神話故事就說,一棵大桃樹上結了很大的桃子,熟透落下來,爛掉,桃水變成江河、大海,蛆蟲變成龍、虎、馬、牛、羊、豬、狗、雞、鴨和飛鳥。桃生人神話後來多與女子生人神話相結

合，形成了女子吞食桃而生人的神話，從桃生人神話的影響也可反觀採集經濟時代桃的重要地位。由此我們也可以理解為什麼有關桃子的成語會有那麼多：桃紅柳綠、人面桃花、投桃報李、世外桃源、桃李遍天下等。

植物中有果實，當然更會有花。壯族神話說：花中長出女始祖姆六甲，姆六甲捏尿泥成人。又說：花中生女始祖神米洛甲，她用黃泥造人類。又說：天地分開以後，荒漠長了雜草，草上開花，花里長出姆六甲（被看作生育神）。

狩獵經濟作為採集經濟的輔助形式，也引起了相關的動物創世神話的產生，如動物創世、火的發明等。動物創世包括動物生人、動物變人等。動物生人神話可能與早期人類觀察到動物生育繁殖現象有關，人們由動物的繁殖推及人類的來歷，就產生了動物生人神話。藏族說巨龜生了萬物：巨龜為天地的負載者，可分為元素所生，氣溫所生，胎生和卵生四種，它們孕育時辰、晝夜、星期、月分和年分。

單一釋源創世神話的產生，並非原始初民的憑空捏造，而是有著堅實的現實基礎，與原始初民的生產、生活、社會形態有著密切的關係：或者是某種生產形式的反映，或者是某種社會形態的產物，或者是某種生活習俗的昇華。如葫蘆生人神話，就與採集經濟形式有著密切連結；卵生人神話、獸變人或生人神話與狩獵生產形式息息相關；水生人神話則

明顯帶有原始農耕經濟形式的胎記；泥土造人神話則是製陶生產活動的產物。女子造人或生人神話帶有母系氏族社會的印痕，兄妹婚神話則是血緣婚制的反映。各種單一釋源創世神話產生於不同的社會生活土壤，代表了各種不同的創世方式，雖然各不相干，甚或相互矛盾，但又能並行不悖，並且逐漸相互影響、相互融合，這就使得單一釋源神話發展為綜合性釋源神話。

2．綜合釋源時期（形成發展期）

　　父系氏族社會至奴隸社會初期，包括新石器時期晚期與金石並用時期，單一的釋源神話發展為綜合性釋源神話。綜合釋源創世神話的產生，與原始農業的發展密切相關。

　　父系氏族社會的生產力得到了發展，農業生產形成規模；家畜飼養進一步發展；製陶技術提高；發明銅器製造；發明絲織品；手工業的普遍發展導致了社會分工的初步形成。神話所載炎帝、神農（圖 2.3）即是原始農業的始作俑者。炎帝神農氏是中國的「太陽神」。他出現的時代，人類已經生育繁多，自然界產出的食物不夠吃了。他教會了人們種植、用水和使用工具。傳說他是牛頭人身。這大概因為在農業時代象徵幾千年來幫助我們耕種的牛一樣特別有貢獻吧！

圖 2.3　炎帝神農

　　農業生產是一種複雜的活動，要種植農作物，必須逐步
選擇無毒合適的植物並將其馴化使之宜耕種。所以《淮南子‧
修務訓》說，「神農嘗百草之滋味，一日而遇七十毒」。嘗
百草之說，反映了尋找作物品種的艱辛。晉代的《搜神記》
明確說明嘗百草目的在於尋找農作物：「神農以赭鞭鞭百草，
盡知其平毒寒溫之性，臭味所主，以播百穀。」嘗百草是為
了尋找無毒無臭味的農作物，以至於順帶也發明了某些草
藥，所以神農又成為醫藥的發明者。

103

炎帝神農也因此成為原始農業的象徵符號。農業生產需要考慮到多方面的因素，諸如種子、田地、農具、生產環節、氣候、季節、水利等，是一種綜合性的生產活動。正是這種綜合性的生產活動，培養了人們綜合性的思維能力。人們開始從綜合的視角、多途徑的想像組合來解釋世界的起源，把幾種事物或更多的事物連結起來進行解釋，即對事物起源進行合成。

　　綜合性釋源神話，經常將天地的起源與人類的起源結合在一起解釋。水族神話說：牙巫造天，用手扒開天地，天傾斜搖晃，牙巫鍛銅柱、煉鐵柱，撐住天，天就穩固了。造完天地，又去造人。這是天地起源神話與人類起源神話的結合。牙巫用剪紙的方法來造人，剪好的人像被壓在木箱裡。本來要十天才能復活，牙巫性急，到第七天，就開啟蓋子，結果造出矮小、瘦弱、空胸脯的小人，今後不能勞動，必餓死。牙巫放出老虎吃掉這些人。再次造人，就採用婚配的方法。牙巫與風神成婚，生下十二枚仙蛋。結果孵出雷神、雨神、龍神、虎神、蛇、猴、牛、馬、豬、狗、鳳凰及人。鳳凰後來變成美女，與人結婚，繁衍人類。此則神話，既講述天地起源，也講述人類起源，並且將大神造天地、造人神話與婚配生人神話、人獸婚神話等多種原生態神話融合在一起，形成一個較為複雜的創世神話，充分顯示了綜合性釋源神話的特點。

布朗族神話說：沒有天地之前，到處是一團團黑沉沉的漂浮的雲霧。大神們要開天闢地、創造萬物。神顧米亞發現了一隻巨大的犀牛，剝下牠的皮造天，挖下牠的眼睛作星星。將犀牛肉作大地，犀牛骨作石頭，犀牛血變成水，犀牛毛變成各種花草樹木，把犀牛的腦漿變成人，把犀牛的骨髓變成各種鳥獸蟲魚。由於天空懸著，顧米亞又用犀牛的四條腿撐住天，天就穩固了；由於有九個太陽姊妹、十個太陽兄弟，地上的人們酷熱難當，顧米亞又射掉了多餘的太陽和月亮，從此大地又充滿生機與快樂。這則神話包括了造人神話，化生神話，射日神話，化生神話為主體，均透過創世者顧米亞連接為一個整體。── 疑似將漢族的盤古、后羿等合體。相對漢族，中國的少數民族都屬於「次生文明」，所以缺少最早的「創世元」。

衍生形態創世神話的多樣類型表明中國創世神話經歷了多種發展方式，有著旺盛的生命力、生長力；衍生形態創世神話遍見於典籍與口頭傳承，表明中國創世神話經歷了漫長發展歷程。

3・系統釋源時期（成熟期）

在綜合釋源的基礎上，中國創世神話逐漸進入系統釋源時期。系統釋源，即對整個世界及人類社會的起源做系統完整的解釋。系統釋源時期主要是指原始社會末期至整個奴隸

社會時期，也是中國華夏族及其他民族與國家形成時期，在這一時期，中國創世神話系統形態基本形成，但是系統化的過程卻沒有結束，它一直伴隨著民族發展的歷史而長久延續，有的甚至延續至今。

民族、國家的形成，是部落聯盟中的各個部落的人群與領土進一步緊密融合的結果，而要促成這種融合，必須要形成共同的信仰認同體系，這個信仰認同體系包括對世界起源、人類及族群起源、文化發明等問題的系統性的完整解釋，這就導致了系統創世神話的形成。

可以說，民族始祖起源神話是系統創世神話的靈魂，也是系統創世神話的黏合劑。這一時期既產生了黃帝、炎帝起源神話，也產生了夏商周各族起源神話。

炎帝神農氏為其母感龍而生。黃帝誕生神話見《帝王世紀》：「（黃帝）母曰附寶，見大電光繞北樞星，照郊野，感附寶，孕二十五月，生黃帝於壽丘，長於姬水，因以為姓。日角龍顏，有聖德，受國於有熊，居軒轅之丘，故因以為名，又以為號。」黃帝誕生地為姬水，為其母附寶感電光所生。

商朝為西元前 16 世紀至西元前 11 世紀，是奴隸社會的發展時期。這一時期的農業、手工業較發達，青銅冶煉和鑄造都達到了高度水準。商朝出現了甲骨文，有文字可考的歷

史從此開始。商紂王統治時，周武王興兵伐紂，商亡。商族
祖先神話最早見於《詩經・商頌・玄鳥》：「天命玄鳥，降而
生商。」更為詳細的記載見於《史記・殷本紀》：「殷契，母
曰簡狄，有娀氏之女，為帝嚳次妃。三人行浴，見玄鳥墮其
卵，簡狄取吞之，因孕生契。」商族的祖先是契，為其母簡
狄吞食鳥卵感孕而生。

　　周族祖先棄為其母姜原履「踐大人跡」感神所生。棄出
生後被三棄三收，終成正果。大人跡，當為熊之腳跡，因為
周族屬於黃帝后裔，黃帝稱有熊氏，以熊為圖騰，周人也應
是以熊為圖騰。這是一則典型的圖騰感生神話，所感之物為
熊，說明其圖騰為熊。開國皇帝誕生神話都產生了維護民族
認同、國家認同的作用。

　　始祖起源神話是系統創世神話的核心內容，這類神話在
實際傳承過程中，往往要與世界起源、人類起源、文化起源
等內容結合起來，構成一個完整的創世神話體系，成為民族
認同、國家認同的信仰體系或民族的百科全書，即成體系
的創世神話。在祭祖、節日慶典及各種禮儀活動中，講述或
展演體系創世神話，成為維繫民族認同、國家認同的重要方
式。如苗族將苗族古歌當作民族的根本，即苗族的歷史，多
在祭祖、節日等活動中吟唱。

中國創世神話元素及其文化意蘊

　　神話主要產生於人類童年時代，也就是原始社會，也有少部分產生於文明時代，並且，它是人類借助原始思維，從最初的神靈信仰出發，以自然的藝術形式創造出的神話故事。所以，它所代表的文化色彩是漸進的。

1 · 中國創世神話的主要內容

　　創世神話作為人類歷史的開端，它主要解釋了宇宙的起源，描述世界上的萬物是如何被創造的，天氣如何變化，春夏秋冬如何出現。它還對整個宇宙，包含天地形成前的狀態、天地間的事物、人類的由來以及文化事物的起源做出了解釋。中國創世神話主要包括以下五方面內容。

（1）　前宇宙狀態：所謂前宇宙狀態，即天地還未形成前的一種最原始的狀態，這種原初狀態為混沌神話的產生提供了基礎。混沌神話是敘述世界處於一種混沌狀態和這種混沌狀態被打破的神話。《莊子 · 應帝王》：「南海之帝為儵，北海之帝為忽，中央之帝為渾沌。儵與忽時相與遇於渾沌之地，渾沌待之甚善。儵與忽謀報渾沌之德，曰：『人皆有七竅，以視聽食息，此獨無有，嘗試鑿之。』曰鑿一竅，七日而渾沌死。」充分說明了天地的混沌狀態及人類渴望改變混沌的願望。

(2) 天地的形成：天地是人與萬物生存的空間，一切有關人與萬物起源的解釋都必須建立在天地形成的基礎上。中國創世神話關於天地形成的解釋，以盤古開闢天地說最為著名：「天地原如雞子，盤古生其中，開天闢地，清濁分離；天日高、地日厚，盤古日長；八千載，天極高，地極深。」所以人們會認為開闢天地的先祖是盤古。

(3) 宇宙萬物的起源：在創世神話中，山川河流、花草樹木、飛禽走獸等世間萬物的起源，很多是與天地的起源相伴相隨的。盤古開天闢地後，又把一切都獻給了大地，他的眼睛幻化成了太陽和月亮，血液變成了江河，頭和四肢化做了三山五嶽，皮膚和汗毛變成了大地上的花草，喊聲和呼吸聲變成了雷和風，淚水變成了甘霖雨露滋潤著大地。由此，高山、太陽、月亮、花草……宇宙萬物就這樣誕生了，而世界也變得更加豐富多彩，盤古成為萬物起源最偉大的神。

(4) 人類的由來：創世神話的另一個核心是人類的誕生，同時也是創世神話不可或缺的一部分。人類的由來是對創世進一步深入和具體的了解，是從神到人的過程。中國神話中最著名的造人神話是伏羲和女媧兄妹婚配造人。洪水滔天導致了人類滅絕，為了讓人類繁

衍下去，二人出於權宜之計結為夫妻。唐代的《獨異志》描述了二人結合的原因與過程：「宇宙初開，女媧伏羲兄妹，在崑崙山，天下未有民。議為夫妻，又自羞恥。二人上崑崙山頂，咒曰：『天若允則煙合；若不允，則散。』於是，煙合。女媧乃結草為扇，以障其面。」因此，人類就這樣誕生了。此外，關於人類的由來還有女媧摶土造人說。

(5) 文化事物的發明：文化起源神話，是對文化事物發明的原因以及方式進行的敘事性解釋，包括農作物的起源、火的起源、音樂的起源和文化英雄。豐富的文化起源神話在中國各個民族隨處可見，尤其是在人類的衣、食、住、行等重要領域。如「奚仲作車，倉頡作書，后稷作稼，皋陶作刑，昆吾作陶，夏鯀作城」。此外，中國古代的文獻紀錄中說，黃帝發明了舟車和指南針，伏羲發明了八卦，神農氏發明了醫藥，嫘祖發明了絲織，女媧創立了人間的婚姻制度等，文化事物的發明都與神話密切相關。

2‧中國創世神話蘊含的民族文化精神

　　民族文化精神是一個民族在漫長的生活和生產活動中形成和建立起來的，為民族中大部分成員所接受的思想道德、價值取向和行為規範，是一個民族在心理特點、文化素養和

思想情感上的綜合反映。中國創世神話是華夏民族童年時期的藝術精華，展現了中華民族特有的文化精神。

(1) 天人合一

中國創世神話盤古開天闢地就展現了天人合一的思想。盤古死後，他的肉體幻化成了宇宙萬物，也就是說萬物是由人化生而成的，因此，人就成了世間萬物的精髓，而盤古與宇宙萬物之間形成了「你中有我，我中有你」的狀態，更表現出了人與自然間一種與生俱來的親和關係。這種同體與共的連結也就包含了中華民族傳統文化中的天人合一，物我一體的觀念，展現了人與宇宙、人與自然間和諧共生的自然觀。盤古死後化生，化為自然萬物，這一神話表現出了中國天人合一的最高境界。

中國文化十分注重和諧統一，不但重視宇宙自然的和諧，還特別強調人與自然的和諧、人與人之間的和諧。女媧面對自己創造的人類充滿憐愛之情，在人類滅絕、地球崩潰的險惡環境下，她用自己真誠博大的母愛和無私奉獻的精神救助人類。她創造人類，拯救人類，呵護人類，致力於調節人與自然之間的親和關係，為人類送來美好的祝願，為人類締造了一個充滿幸福、安寧、和平的世界。

（2）以人為本

　　在創世神話中，我們可以看到人類所展現出來的以人為本的特質：人作為最佳生命的種子，在最合適的環境中進化。從神到人一個過程的轉變，不僅展現出以人為本，人本為神，神就是人的精神寄託，而且也是人類心路歷程上的一種特殊情結。中國人的思想哲學歷來是一種「生命哲學」，這種生命哲學，不論儒家還是道家，都始終把人放在首位，關注人的生存與發展（圖2.4）。女媧是人類的始祖母，還是主管人類婚姻生殖的女神，女媧形象之所以誕生就是為了使群體生命得以延續下去，是一種精神象徵，展現出人們對生命延續所表現出來的強烈渴望，以及對生命的珍惜和珍愛。

圖 2.4　女媧造人、黃帝鑽燧取火

　　此外，一些文化英雄神話，也表現出對生命的珍惜，表達了厚生愛民的思想。黃帝鑽燧取火，神農氏日嘗

百草，伏羲畫卦教民，這些文化英雄為了造福人類做出了巨大犧牲。這種為人類和民族獻身的崇高精神，反映了中國創世神話對人類生命的珍視，當然也是原始先民以人為本思想的雛形。

(3) 剛健有為

剛健有為、自強不息的文化精神，集中展現了中華民族奮發向上、朝氣蓬勃的頑強生命力、不屈不撓、勇於探索的精神，從而凝聚了勇敢、不怕犧牲的傳統美德。盤古是偉大的開闢神，他是天地的開闢者，不遺餘力為人類創造美好世界，最後為人類獻出了自己的全部。盤古雖死，但其精神卻充溢於天地之間，盤古的死象徵著一種形態的分散，這種形態最後轉化為宇宙萬物。氣魄宏大，想像奇特，境界崇高，盤古不僅完成了開天闢地的偉業，而且奉獻了自己的身軀創造萬物，表現了中國創世神犧牲自我以創造天地萬物的胸懷與氣概。

在創造世界和面對災難時，眾神不畏懼，不退縮，戰勝自我，戰勝困難，奮勇無畏。這些偉大的英雄神，依靠自己勇敢頑強的戰鬥精神和堅忍不拔的毅力，一往無前，所有艱難險阻都不能阻擋他們造福人類的前進步伐，彰顯了中華民族剛健有為的文化精神。

（4）重德尚理

女媧神話所展現出來的重德尚理的民族文化精神源於她和伏羲的結合。伏羲與女媧二人在洪水滔天、人類滅絕的情況下結合了。隨著禮教思想的出現與發展，人們意識到，兄妹結合破壞了倫理道德，女媧摶黃土造人慢慢在創世神話中得到強化，而兄妹結合繁衍人類的神話卻漸漸被淡化了。因此，從伏羲和女媧的結合到女媧摶土造人這一過程展現出了重道德、尚倫理的民族文化精神。

中華神話中諸神譜系的秩序井然，以黃帝神族為例：少典 —— 黃帝 —— 昌意 —— 韓流 —— 顓頊 —— 老童 —— 祝融……中國上古神話傳說的過分家族化，正是血緣觀念滲入文化意識的必然結果。由於注重血緣的純潔，創世神話諸神對性關係大多都持嚴謹的態度，這也正好符合了他們道德化身的地位。創世神話對於神的性愛故事，極少誇張渲染，注重生育而弱化性愛，展現了中華民族嚴謹、重道德尚倫理的態度；追求高尚的道德情操和精神境界；不為物質利益所誘惑、不因暴力所屈服的民族文化精神。

創世神話展現了遠古先民的原始思維，是先民們的精神財富。創世神話不僅展現出一個民族的個性與心理，而且也展現出獨特的民族文化精神。

女媧、玉皇大帝、觀世音菩薩

神話，說來說去就是講故事。尤其是中國的神話故事尤其曲折精彩。我們來欣賞幾個古代完整的神話故事吧！當然是從始祖女媧開始。

中華民族的始祖神

女媧是中國歷史神話傳說中的一位女神，與伏羲為兄妹。她人首蛇身，相傳曾煉五色石以補天，並摶土造人，制嫁娶之禮，延續人類生命，造化世上生靈萬物。女媧是偉大的母親，她慈祥地創造了我們，又勇敢地照顧我們免受天災，是被民間廣泛而又長久崇拜的創世神和始祖神。她神通廣大化生萬物，每天至少能創造出七十樣東西。

《太平御覽》說：女媧於正月初一創造出雞、初二創造狗、初三創造羊、初四創造豬、初五創造牛、初六創造馬，初七這一天，女媧用黃土和水，仿照自己的樣子造出了一個個小泥人，她造了一批又一批，覺得太慢，於是用一根籐條，沾滿泥漿，揮舞起來，一點點的泥漿灑在地上，都變成了人。為了讓人類永遠流傳下去，她創造了嫁娶之禮，自己充當媒人，讓人們懂得「造人」的方法，憑自己的力量傳宗接代。

女媧補天（圖2.5）的故事：在洪荒時代，水神共工和火神祝融因故吵架而大打出手，最後祝融打敗了共工，水神共工因打輸而羞憤地朝西方的不周山撞去，哪知那不周山是撐天的柱子，不周山崩裂了，支撐天地之間的大柱子斷折了，天倒下了半邊，出現了一個大洞，地也陷成一道道大裂紋，山林燒起了大火，洪水從地底下噴湧出來，龍蛇猛獸也出來吞食人民。人類面臨著空前大災難。女媧目睹人類遭到如此奇禍，感到無比痛苦，於是決心補天，以終止這場災難。

圖 2.5　女媧補天

她選用各式各樣的五色石子，架起火將它們熔化成漿，用這種石漿將殘缺的天洞填好，隨後又斬下一隻大龜的四腳，當作四根柱子把倒塌的半邊天支起來。女媧還擒殺了殘害人民的黑龍，剎住了龍蛇的囂張氣焰。最後為了堵住洪水不再漫流，女媧還收集了大量蘆草，把它們燒成灰，埋塞向四處鋪開的洪流。

　　經過女媧一番辛勞整治，蒼天總算補上了，地填平了，水止住了，龍蛇猛獸斂跡了，人類又重新過上安樂的生活。但是這場巨大的災禍畢竟留下了痕跡。從此天還是有些向西北傾斜，因此太陽、月亮和眾星晨都很自然地歸向西方，又因為地向東南傾斜，所以一切江河都往那裡匯流。天空出現的彩虹，就是女媧的補天神石的彩光。那五彩石子補過的地方，只有在一早一晚才能看得見。

　　女媧勞苦功高，女媧和她的哥哥伏羲、嘗百草救人無數的神農被列為中華民族人始之初的三皇。

王母娘娘和玉皇大帝

　　他們兩個是一家人嗎？不管了，反正都是神話人物。

　　王母娘娘（圖2.6）是傳說中的女神。原是掌管災疫和刑罰的怪神，後於流傳過程中逐漸女性化，而成為年老慈祥的女神。

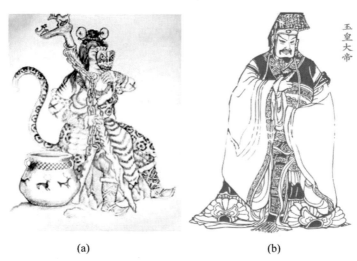

玉皇大帝

(a)　　　　　　　　　　(b)

圖 2.6　　(a) 是《封神榜》裡的「西王母」，
還是《西遊記》裡的「王母娘娘」？(b) 玉皇大帝

　　根據《山海經》的描寫：「西王母其狀如人，豹尾虎齒，善嘯，蓬髮戴勝，是司天之厲及五殘。」說西王母的外形「像人」，長著一條像豹子那樣的尾巴，一口老虎那樣的牙齒，很會用高頻率的聲音吼叫。滿頭亂髮，還戴著一頂方形帽子。是上天派來負責傳佈病毒和各種災難的神。

　　《漢武帝內傳》謂其為容貌絕世的女神，並賜漢武帝三千年結一次果的蟠桃。道教在每年的三月初三定為王母娘娘的誕辰，並於此日盛會，俗稱蟠桃盛會。這裡「西王母」怪神又變成了慈祥而又能帶來福壽的「王母娘娘」。

　　專家認為，神話色彩濃厚的西王母（王母娘娘）在歷史

上確有其人。事實上,被無數神話光環籠罩的西王母並非天仙,而是青海湖以西遊牧部落的女酋長。

道教稱天界最高主宰之神為玉皇大帝,猶如人間的皇帝,上掌三十六天,下握七十二地,掌管一切神、佛、仙、聖和人間、地府之事。亦稱為天公、天公祖、玉帝、玉天大帝、玉皇、玉皇上帝。

據《玉皇本行集》記載,光明妙樂國王子捨棄王位,在晉明香嚴山中學道修真,輔國救民,渡化眾生,曆億萬劫,終為玉帝。

有說玉皇大帝就是道教的「元始天尊」(即玉清元始天尊的簡稱。道教所供奉最高的神)。

歲星、福祿壽星和魁星

歲星太歲,民間傳說中的凶神。一說為木星(歲星),一說為主四時寒暑之神,一說為十二時辰之神。自西漢始,人們認為凡建築、遷徙、嫁娶等吉凶皆與其方位有關。若犯之而動土,便會挖到一肉塊,即凶神之化身,並將招致災禍。舊俗每有建築動土之事,必先探明其方位以避之。元明後設有專壇祭祀。後世亦以名凶殘之人。俗語「竟敢在太歲頭上動土」,即源於此。意為膽大妄為。常言說「命犯太歲」,就是指他。

福星是民間傳說之神。起源甚早，據說唐代道州出侏儒，歷年選送朝廷為玩物。唐德宗時道州刺史陽城上任後，即廢此例，並拒絕皇帝徵選侏儒的要求，州人感其恩德，逐祀為福神。宋代民間普遍奉祀。到元、明時，陽城又被傳說為漢武帝時人楊成。以後更多異說，或尊天官為福神，或尊懷抱嬰兒之「送子張仙」為福神。

祿星是民間傳說之神。相傳名張亞子，仕晉戰死，後人為之立廟紀念。道家稱玉帝命其掌文昌府及人間功名、祿位事，故又稱「梓潼帝君」、「文昌帝君」。

壽星是民間傳說之神。亦作壽星，南極老人星。本為星名，後世小說、戲曲為神仙之名。初言其主國運之長短，後尊為主人間壽夭之神，凡德見者皆壽千歲。

秦漢時已有壽星祠和老人廟。自東漢起祭祀壽星與敬老活動相結合，歷代皆列入國家祭典，至明初始罷。近代所奉之壽神形象多為左手持杖，右手捧桃，銀髮長鬚，頭高額隆，大耳短軀，面目慈祥的老者。

魁星是北斗七星中形成斗形的四顆星。一說為其中離斗柄最遠的一顆星。二十八星宿之一，是西方白虎七宿的第一宿，被古人稱為主管文運之神。清代學者顧炎武在《日知錄》中說：「今人所奉魁星，不知始自何年，以奎為文章之府，故立廟祀之，乃不能像奎而改奎為魁。」繼爾魁星被形

象化為一赤髮藍面鬼，立於鰲頭之上，翹足，捧斗，執筆的模樣。唐宋時，皇宮正殿雕龍和鰲於臺階正中石板上。考中進士者站在階下迎榜，而頭名狀元則站在鰲頭上，所以稱為「獨占鰲頭」（圖2.7）。

圖2.7　魁星

天后媽祖和觀世音菩薩

天后媽祖和觀世音菩薩放在一起，是因為她們都能夠「普渡眾生」。

天后媽祖（圖2.8）是中國東南沿海和海外華人供奉的海洋保護神，又稱天妃、天后、天妃娘娘、天上聖母等。

圖 2.8　天后媽祖

道教經典稱：太上老君封媽祖為「輔斗昭孝純正靈應孚濟護國庇民妙靈昭應弘仁普濟天妃」。有關媽祖的記載，大約起於北宋。媽祖原是都巡檢林願之女，名默娘，生於宋太祖建隆元年（西元 960 年），歿於宋太宗雍熙四年（西

元 987 年），得年二十八歲。林默娘出生時，紅光滿室，異氣氤氳。由於生而彌月，不聞哭聲，故名之曰默娘。林默娘八歲就塾讀書，喜燒香禮佛。十三歲得道典祕法。十六歲觀井得符，能布席渡海救人。升化以後，有禱輒應。自宣和以後，兩宋間先後敕封達九次。其封號最多長達 26 個字。南宋光宗紹熙（西元 1190 年）由「夫人」進爵為「妃」，元世祖時又進爵為「天妃」，清康熙時再進爵為「天后」。媽祖之主要神蹟是救濟海上遇難之生民。據傳，媽祖的隨從有千里眼、順風耳，能解救於千里之外。媽祖常穿朱衣，乘雲游於島嶼之間。如果海風驟起，船舶遇難，只要口誦媽祖聖號，媽祖就會到場營救。《太上老君說天妃救苦靈驗經》稱，媽祖所救就是「翻覆舟船，損人性命，橫被傷殺，無由解脫」。後來，媽祖之職能略有擴大。同經還稱「若有行商坐賈，買賣積財，或農工技藝，種作經營，或行兵佈陣，或產難」，「或疾病」，「但能起恭敬心，稱吾名者，我即應時孚感，令得所願遂心，所謀如意」。因此，民間亦有以媽祖為送子娘娘等。

　　中國東南沿海各地大多建有媽祖廟，其中以福建泉州莆田媽祖廟為祖庭。在臺灣就有媽祖廟 510 座，其中有廟史可考者 39 座，內建於明代的 2 座，建於清代 37 座。每年三月二十三日是媽祖神誕之日，福建莆田的媽祖廟和以臺灣北港

朝天宮為代表的媽祖廟都要舉行奉祀和媽祖遶境活動，媽祖信徒人數之多，香火之旺，至今亦然。臺灣朝天宮的媽祖是從莆田湄洲請來，因而被認為是莆田媽祖廟的「分靈」，故每隔幾年都要抬著媽祖像到湄洲掛香一次，表示對媽祖的崇拜和對祖宗的懷念。

　　觀世音菩薩又稱觀自在，梵文 Avalokitesvara。觀世音者，觀世人稱此菩薩名之音而垂救，故云：觀世音（圖 2.9），觀世界而自在拔苦與樂之意。為阿彌陀佛的左脅侍。西方三聖之一。

圖 2.9　觀世音菩薩

觀世音是慈悲的象徵，當眾生有苦難時，只要稱念他的名號，即可獲得解脫苦厄。他還會就眾生的因緣，化作種種不同的身分度化之。因此又有各種別稱，如水月觀音、魚籃觀音、馬郎婦觀音等，合計中日關於觀世音的別稱，共有三十三個，又名三十三身。觀世音菩薩的形象，南北朝多依經典作男子，唐以後常作女相，是佛教中最受崇拜的菩薩。觀世音或譯作觀自在，古譯作光世音，唐代因避太宗李世民名「世」故略稱為觀音。亦稱為大士、觀世音、觀自在菩薩、觀音菩薩、觀音媽、觀音大士。觀世音的道場在浙江普陀山。普陀山和五臺山、峨眉山、九華山合稱為中國佛教四大名山。其中普陀山最大的寺院普濟禪寺中有一圓通大殿，供奉觀音，是最大的觀音殿。

混沌世界還是天圓地方

　　《莊子》講述一個「井底之蛙」的故事，唐代文學家韓愈則把青蛙換成了人：「坐井而觀天，曰天小者，非天小也。」這兩則故事常常被用來諷刺那些見識短淺而又盲目自大的人。事實上，這也從另一個方面說明一個人因所處的環境不同，就會對世界有不同的認知和看法。今天，人類不僅可以像鳥兒一樣俯瞰大地，甚至可以從太空中遙望這顆藍色的星球。在古代，由於交通不便，人們的活動範圍十分有限，加

之文獻匱乏，人們從書本上所能了解到有關其他地方的訊息也很少。《易傳》說伏羲氏「俯察地理」，實際上，這個「俯」是和「仰」相對的，那時人類對大地的認知主要有兩個途徑，一個是登高，另一個就是遠行。登高所開闊的視野有限，旅行又談何容易。《易經》講「利涉大川」，就是對渡大河有利。在沒有大型船隻和橋樑的古代，一條大河彷彿就是一個天塹，成了一道不可踰越的鴻溝。有時候，為了過河，必須等待一定的季節，如冬季封凍或者旱季河水水位下降。

　　毫無疑問，與全球化時代的現代人相比，古人都是生活在一個個井裡，只不過這些井的大小、深淺不同而已，他們所了解的世界都是局部，他們也理所當然地把自己的生存之地視為世界的中心。古代中國人把他們所生存的全部空間稱為「天下」，中國就是「中央之國」，是宇宙的中心（圖2.10），位於今河南一帶，又稱「中州」、「中原」。同樣，古埃及人的世界是以尼羅河為中心的，他們認為宇宙是一個方盒子，南北的長度較長，底面略呈凹形，埃及是處在凹形的中心，天則是一塊平坦的或穹隆狀的天花板，四方有4個天柱，由中峰所支撐，星星是用鏈纜懸掛在天上的燈，在方盒的邊沿上，圍著一條大河，河上有一條船載著太陽來往，尼羅河是這條河的支流。這個描述不就是尼羅河流域在天上的「映像」嗎？古希臘人則認為，距離雅典150多公

里的 Delphi 是「Navel of the Earth」（地球的肚臍），也是中心的意思。

圖 2.10　朝鮮王朝時期繪製的「天下圖」，中國位於世界的中心

　　在古代，一個人或民族所認知的世界，既是他們所生存的舞臺，也是他們思維創造的源泉，康德說地理學最能啟發人類的理解力！生存空間對人類文明的影響就像人的胎記，文明越是古老，這種胎記就越深。因此，要想探尋某種古代文明的來龍去脈，我們必須重新回到井裡，想像他們所看到的那個屬於他們的「世界」，唯有如此，才能真正理解他們所創造的文化，以及他們所理解和構建的宇宙。

古代中國人的宇宙觀

1・《山海經》裡的神話故事

中國古代文化基本上展現在了中國古代神話之中，神話的產生也是必然的。確切地說，它是原始人類幻想和想像的產物，反映的是原始人類企圖征服自然、支配自然的願望，是以原始社會的現實生活為基礎的，而非純意識的。「后羿射日」的出現可能是由於當時的原始人類遇到了旱災，所以他們虛構了后羿一個神奇的英雄人物，並且讓他以解救蒼生為己任，給人類創造風調雨順的生存和生產環境。「精衛填海」反映了原始人類崇尚死而不屈並且繼續為人類造福的奉獻精神。

在中國收存古代神話的著作主要有《山海經》、《淮南子》、《列子》、《楚辭·天問》等。其中《山海經》的收存量最多，也是最多地保留中國古代神話原始面貌的一部書。山海經是從戰國初年到漢代初年，經多人撰寫集成的一部古書，作者大都是楚地的楚人。《山海經》是一部以神話為主流的書，它的內容範圍龐大，除了保存有大量的神話訊息之外，還涉及諸如宗教、哲學、歷史、民族文化、天文、地理、動物、植物、醫藥衛生等方方面面，內容包羅萬象，可以稱得上是一部當時的生活日用百科全書。

整部《山海經》大約可分如下幾部分：

(1)《五藏山經》，共五篇，占全書 2/3 以上；內容有關山
　　川地理、祀神的典禮儀式和所用之物，間中敘寫到諸
　　山山神的形貌和神力。

(2)《海外經》，共四篇，內容多記海外各國的異人、異
　　物，也有些古老神話零片記敘，如夸父追日、刑天斷
　　首等。

(3)《海內經》，共四篇，內容是記海內神奇事物，如昆
　　龍景象、建木形態、巴蛇、雷神等。

(4)《荒經》，共五篇，又分為《大荒經》四篇和《海內
　　經》一篇；記錄了一些有關帝俊（圖 2.11）和黃帝的
　　神話。此部分是保存神話資料最多和最原始的；大部
　　分重要的神話材料幾乎都在這裡，而這部分之寫作時
　　期可能比經中其他部分要早。

　　從〈海外南經第六〉造成最後〈海外經第十八〉止之
十三篇，簡稱為《海經》。和前面的《五藏山經》即《山
經》合起來，總名之曰《山海經》。

　　神話所涉及的內容非常廣泛，包含宗教、歷史、地理、
民族、動物和植物、天文和氣象、哲學等。

圖 2.11　帝俊，又作「帝夋」，疑為《詩經》裡的昊天上帝，中國
古代神話傳說中的上古天帝，這一古帝名號只見於《山海經》

（1）宗教：《山海經》書中展示了許多巫師所為的宗教活
　　　動。每一小節的後面，都記載有對某系列山山神的不
　　　同禮典，如「干舞置鼓」、「雄雞瘞之」、「合巫祝
　　　二人舞」、「聊用魚」等，不外都是巫師祭祠時的景
　　　象。諸山山神，有牛身人面者、鹿身八足蛇尾者、鳥
　　　身龍首者、龍身鳥首者、羊身人面者、龍身人面者、
　　　豕身人面者、人面三首者，奇形怪狀，種種不一，或
　　　是動物形體的拼湊，或是半人半獸的組合，也顯現了

原始宗教自然崇拜的特色。

（2）歷史：《山海經》書中記有帝俊、炎帝、黃帝等的神譜，其他歷史性質的書中也記有若干帝王譜系，我們若將二者對照觀察，就會發現一個有趣的事實：神話與歷史竟是同步的。這可證明原始初民是將口耳相傳的神話視為他們的歷史。某些民族中巫師祀神寺演唱創世史詩和英雄史詩，講述天地如何開闢、人類如何誕生，講述祖先的事跡和英雄的戰功等，在初民視為歷史的，其實也全是神話。此可證在上古時期，神話與歷史同出一源。

（3）地理：神話和地理的關係，在《山海經》一書中更是密切。整部《山海經》，便可說是一部神話性質的地理書。以禹因治水而求賢人的紀錄為例，禹因東西南北所經之地，都作了神話性質的描述，文中所寫的地名國名，大都不可證實，只可視為神話地理。

（4）民族：《山海經》展示了豐富的民族學方面的知識，這些知識當然亦充分帶著神話色彩，如不死民、三首國、長臂國、丈夫國、一目國、誇金國、踵國、犬封國、黑齒國等等，單看以上的名目，就知道是屬於神話的民族學範圍。

(5) 動物和植物：《山海經》所記的奇禽怪獸、異草珍木，就是神話的動物學和植物學。這些奇異的動物和植物，各自有其醫療效用，能治各種常見和不常見的病症，這又成了神話性質的醫藥衛生學。例如有種動物，吃了牠能使人不會放屁；有一種九條尾的狐狸，人吃了牠可以受到庇護不逢妖邪氣。有的動物狀如羊，九尾四耳；又有的狀如烏龜，卻有鳥首。各種奇形怪狀的動物，煞為有趣。

(6) 天文和氣象：如羲和生日、浴日、常羲生月、浴月、湯谷十日、石夷「司日月之長短」等。又如《大荒東經》中記日月所出之山凡六：大言山、合虛山、明星山、鞠陵於又山、猗天蘇門山、壑明俊疾山；《大荒西經》日月之山亦六：豐沮玉間山、龍山、明山、鏖巨山、常羊山、大荒山。此外，經中亦記，凡某神出入某山某淵，必伴隨著風雨晦明。而又某神一出現，便會帶來水災等。

(7) 哲學：如夸父逐日、精衛填海、刑天斷首、鯀腹生禹等，都是鼓舞人們自強不息的精神和鬥志的，然而不用枯燥的說教，而是透過神話反映出來的鮮明生動的藝術形象。最著名的是愚公移山的寓言，其實是一段古老的神話，一段寓意性強的神話，它展現了與精衛填海一致的精神。

2．混沌與有序空間和時間

宇宙概念在古希臘意指與「混沌」相對的「秩序」，
而在古代中國它所指的是空間和時間的統一體。戰國末年的
尸佼對宇宙有一個明確的定義，「四方上下日宇，往古來今
日宙」，「宇」就是包括東西南北四方和上下六合的三維空
間，而「宙」就是包括過去、現在和未來的一維時間。東漢
時代的張衡明確提出「宇之表無極，宙之端無窮」的無限宇
宙概念。與宇宙相連結的另一個重要概念是「天地」，它意
指人類在一定條件下所能觀測到的宇宙範圍，而那些尚觀測
不到的部分叫做「虛空」或「太虛」。元代的鄧牧認為在
無限的虛空中有無限多的天地，「天地大也，其在虛空中不
過一粟而已耳」。中國古代先哲們還認為，就一個天體來說
都是有始有終的，但就無限多的天體構成的系統來說則是無
始無終的。

中國古代宇宙觀的特點是宇宙進化論，早在春秋戰國
時期就形成了宇宙生成的論點。《老子》認為天地萬物由
「道」生成，提出「道生一、一生二、二生三、三生萬物」
的生成模式。《易傳》認為天地萬物由「太極」生成，提
出「太極生兩儀，兩儀生四象，四象生八卦」的生成模式。
成書於西漢時期的《易緯・乾坤鑿度》把宇宙早期的演化史
分為四個階段：未見氣的太易、氣之始的太初、形之始的太

始和質之始的太素。最具科學意義的宇宙演化觀點是南宋朱熹提出的「元氣漩渦」假說:「這一氣運行,磨來磨去,磨得急了,便拶許多渣滓;裡面無處出,形成個地在中央;氣之輕者便為天,為日月,為星辰,只在外常周環運轉,地便在中央不動,不是在下。」如果把「地在中央」改為「太陽在中央」,它就是其後 500 年西方出現的法國哲學家和科學家笛卡兒的「太陽漩渦假說」,也與其後 700 年德國科學家康德提出的「星雲假說」類似。

　　中國古代先哲把「究天人之際」作為重要的思考問題,逐漸形成了以「天人合一」為核心的人與自然和諧的天人觀。但「天人合一」並非如當今許多人所誤解的「天人一體」,而是在「天人相分」基礎上的「天人同構」。它的兩個重要推論是「推天道以明人事」的原則和「天人感應論」。在天人關係問題上,道家強調「以人合天」,《老子》提出「人法地,地法天,天法道,道法自然」的思想。戰國以來逐漸形成的天人感應論,沿著意志感應論和自然感應論兩個方向發展。西漢哲學家董仲舒認為天像人一樣有意志,人的行為,特別是帝王的行為和政治措施也會反映於天,使占星術具有了司法或預警的性質,天文學家成為天意的解釋者。東漢哲學家王充認為天地是含氣自然,人不能以行為感天,而著力發展自然感應論,為物理科學和醫學的發展提供了一種哲學基礎。

3.神話中的宇宙觀

(1)「天圓地方」宇宙觀:天地渾沌如雞子,盤古生其中。

(2)「天人合一」宇宙觀:天地既已開闢,萬物又是怎麼來的呢?傳說是盤古死後變的;又傳說是女媧和十神造的。

(3)「萬物有靈」宇宙觀:神話的解釋反映了原始初民對宇宙、自然、人生的原始理解,雖然這種解釋讓現代人覺得幼稚可笑,卻能展現原始初民最為樸素的宇宙觀念。

(4)「生生不息」宇宙觀:《周易》曰:「生生之謂易。」指生生不息,循環往復,革故鼎新乃萬事萬物產生的本源。

(5)「時空混同」宇宙觀:關於「天堂」、「人間」、「地獄」,但丁在《神曲》裡曾給我們進行一番描繪,但但丁的描繪有西方中世紀宗教神學的濃烈餘味。中國神話中類似「天堂」、「人間」、「地獄」的描繪就有著濃重的人情味。

蓋天說、渾天說

　　中國古代關於宇宙結構的思想,主要有蓋天、渾天和宣夜三家,其中蓋天說的產生最為古老並最早形成體系,這個學說基本上是在戰國時期走向成熟的。在《周髀算經》中,記載和保留了這一學說。與蓋天說相比,渾天說出現的較

晚，但它的地位要高得多，事實上它是在中國古代占統治地位的主流學說，只是它沒有一部像《周髀算經》那樣系統陳述其學說的著作而已。而宣夜說則屬於少數流派。

1・蓋天說

　　蓋天說是中國最古老的宇宙說之一（圖 2.12）。「天似穹廬，籠蓋四野，天蒼蒼，野茫茫，風吹草低見牛羊。」當你來到茫茫原野，舉目四望，只見天空從四面八方將你包圍，有如巨大的半球形天蓋籠罩在大地之上，而無垠的大地在遠處似與天相接，擋住了你的視線，使一切景色都消失在天地相接的地方。這一景象無疑會使人們產生「天在上，地在下，天蓋地」的宇宙結構觀念。

圖 2.12　蓋天說

蓋天說正是以此作為基本觀點的。蓋天說的出現大約可以追溯到商周之際，當時有「天圓如地蓋，地方如棋局」的說法。到了漢代蓋天說形成了較為成熟的理論，西漢中期成書的《周髀算經》是蓋天說的代表作。認為「天象蓋笠，地法覆盤」，即天地都是圓拱形狀，互相平行，相距 8 萬里，天總在地上。

　　蓋天說為了解釋天體的東昇西落和日月行星在恆星間的位置變化，設想出一種蟻在磨上的模型。認為天體都附著在天蓋上，天蓋週日旋轉不息，帶著諸天體東昇西落。但日月行星又在天蓋上緩慢地東移，由於天蓋轉得快，日月行星運動慢，都被帶著作週日旋轉，這就如同磨盤上帶著幾個緩慢爬行的螞蟻，雖然它們向東爬，但仍被磨盤帶著向西轉。

　　太陽在天空的位置時高時低，冬天在南方低空中，一天之內繞一個大圈；夏天在天頂附近，繞一個小圈子；春秋分則介於其中，蓋天說認為，太陽冬至日在天蓋上的軌道很大，直徑有 28.8 萬公里，夏至日則只有 12.9 萬公里。蓋天說又認為人目所及範圍為 8.4 萬公里，再遠就看不見了，所以白天的到來是因為太陽走近了，晚上是太陽走遠了。這樣就可以解釋晝夜長短和太陽出入方向的週年變化。

　　蓋天說的主要觀測器是表（即髀），利用勾股定理作出定量計算，賦予蓋天說數學化的形式，使蓋天說成為當時有影響的一個學派。

2・渾天說

通常將《開元占經》卷一所引張衡《渾儀》視為渾天說的綱領性文獻,這段引文很短,全文如下:

渾天如雞子。天體(這裡意為「天的形體」)圓如彈丸,地如雞子中黃,孤居於內。天大而地小。天表裡有水,水之包地,猶殼之裹黃。天地各乘氣而立,載水而浮。周天三百六十五度又四分度之一,又中分之,則一百八十二分之五覆地上,一百八十二分之五繞地下。故二十八宿半見半隱。其兩端謂之南北極。北極乃天之中也,在正北,出地上三十六度。然則北極上規徑七十二度,常見不隱;南極天之中也,在南入地三十六度(圖 2.13),南極下規徑七十二度,常伏不見。兩極相去一百八十二度半強。天轉如車轂之運也,周旋無端,其形渾渾,故曰渾天也。

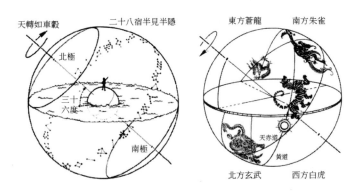

圖 2.13 渾天說

這就是渾天說的基本理論。內容遠沒有《周髀算經》中蓋天理論那樣豐富，但其中還是有一些關鍵訊息似乎未被前賢注意到。

　　渾天說的起源時間，一直是個未能確定的問題。可能的時間大抵在西漢初至東漢之間，最晚也就到張衡的時代。認為西漢初年已有渾天說，主要依據兩漢之際揚雄《法言》中的一段話：或問渾天，曰：落下閎營之，鮮於妄人度之，耿中丞象之。

　　這表明落下閎（活動於漢武帝時）的時代已經有了渾儀和渾天說，因為渾儀就是依據渾天說而設計的。相信就是落下閎創始了渾天說。

　　在上面的引文中有一點值得注意，即北極「出地上三十六度」。這裡的「度」應該是中國古度。中國古度與西方將圓周等分為 360° 之間有如下的換算關係：中國古度＝360/365.25 ＝ 0.9856°，因此北極「出地上三十六度」轉換成現代的說法就是：北極的地平高度為 35.48°。

　　由於北極的地平高度在數值上恰好等於當地的地理緯度，這就提示我們，渾天說的理論極可能是創立於北緯 35.48° 的地區。巴蜀是落下閎的故鄉，長安是落下閎等天文學家被招來此地進行改曆活動的地方，而洛陽是張衡兩次任太史令的地方，洛陽在北緯 34.62° 處，所以這裡應該是渾天說主要的觀測地點。

在渾天說中大地和天的形狀都已是球形，這一點與蓋天說相比大大接近了今天的知識。但要注意它的天是有「體」的，這應該就是意味著某種實體（就像雞蛋的殼），而這就與亞里斯多德的水晶球體系半斤八兩了。然而先前對亞里斯多德水晶球體系激烈抨擊的論著，對渾天說中同樣的侷限卻總是溫情脈脈地避而不談。

渾天說中球形大地「載水而浮」的設想造成了很大的問題。因為在這個模式中，日月星辰都是附著在「天體」內面的，而此「天體」的下半部分盛著水，這就意味著日月星辰在落入地平線之後都將從水中經過，這實在與日常的感覺難以相容。於是後來又有改進的說法，認為大地是懸浮在「氣」中的，比如宋代張載說「地在氣中」，這當然比讓大地浮在水上要合理一些。

用今天的眼光來看，渾天說是如此的初級、簡陋，與約略同一時代西方托勒密精緻的地心體系（注意渾天說也完全是支持地心的）根本無法同日而語，就是與《周髀算經》中的蓋天學說相比也大為遜色。然而一個初級、簡陋的學說，為何竟能在此後約兩千年間成為主流學說？

原因其實也很簡單：蓋天學說雖然有它自己的數理天文學，但它對天象的數學說明和描述是不完備的（例如，《周髀算經》中完全沒有涉及交蝕和行星運動的描述與推算）。而渾天說將天和地的形狀認知為球形，這樣就至少可以在

此基礎上發展出一種最低限度的球面天文學體系。只有球面
天文學，才能使得對日月星辰運行規律的測量、推算成為可
能。但中國古代的球面天文學始終未能達到古希臘的水準。
今天全世界天文學家共同使用的球面天文學體系，在古希臘
時代就已經完備。渾天說中有一個致命的缺陷，使得任何行
之有效的幾何宇宙模型以及建立在此幾何模型基礎之上的完
備的球面天文學都無法從中發展出來。這個致命的缺陷，簡
單地說只是四個字：地球太大！古人的視野太小。

天地入畫入詩入人心

1·詩畫入境入天地

　　東方的山水情節一直是由眼及心的。王羲之曾去官，游
名山，泛滄海，嘆曰：「我卒當以樂死！」山水詩、山水畫
是國畫的重頭戲。顯示出古人已經具備空間意識了。「身所
盤桓，目所綢繆，以形寫形，以色貌色。」、「以一管之筆
擬太虛之體。」展現了「以大觀小」又能「小中見大」的
空間境界，把大自然收入心境。「天地一東籬，萬古一重
久。」多麼博大、寬廣的胸懷呀！唐代詩人孟郊更歌唱這天
地反映到我的胸中，「世界」是由我裁成的：「天地入胸臆，
吁嗟生風雷。文章得其微，物象由我裁！」

　　陶淵明則從他的庭園悠然窺見大宇宙的生氣與節奏而領

悟到忘言之境。他的《飲酒》詩云:「結廬在人境,而無車馬喧。問君何能爾,心遠地自偏。采菊東籬下,悠然見南山。山氣日夕佳,飛鳥相與還。此中有真味,欲辨已忘言!」

　　中國人的宇宙概念本與廬舍有關。「宇」是屋宇,「宙」是由「宇」中出入往來。中國古代農人的農舍就是他的世界(圖2.14)。他們從屋宇得到空間觀念。「日出而作,日入而息」,由宇中出入而得到時間觀念。空間、時間合成了他們的宇宙而安頓著他們的生活,從容而有節奏。對於他們來說,空間與時間是不能分割的。春夏秋冬配合著東南西北。時間的節奏(一歲十二月二十四節氣)率領著空間方位(東南西北等)以構成我們的宇宙。所以我們的空間感覺隨著我們的時間感覺而節奏化了、意境化了!畫家在畫面所欲表現的不只是一座屋宇所意味的空間「宇」,而須同時具有節奏意味的時間節拍「宙」。一個充滿意境、生活情趣的宇宙(時空合一體)是詩畫家的藝術境界。畫家、詩人對這個宇宙的態度,就像宗炳所說的「身所盤桓,目所綢繆,以形寫形,以色貌色」。

圖 2.14　農家小院，一出一進、一來一回就是整個「宇宙」

「目所綢繆」的空間景是不採取西方透視技法的集合於一個焦點，而採取數層視點以構成節奏化的空間。這就是中國畫家的「三遠」之說。「目既往還」的空間景是《易經》所說「無往不復，天地際也」。

宋畫家郭熙所著《林泉高致‧山川訓》云：

「山有三遠：自山下而仰山巔，謂之高遠。自山前而窺山後，謂之深遠。自近山而望遠山，謂之平遠。高遠之色清明，深遠之色重晦，平遠之色有明有晦。高遠之勢突兀，深遠之意重疊，平遠之意沖融而縹縹緲緲。其人物之在三遠也，高遠者明了，深遠者細碎，平遠者沖澹。明了者不短，細碎者不長，沖澹者不大。此三遠也。」

中國人的最根本的哲學之道是《易經》上所說的「一陰一陽之謂道」。詩畫的空間感也憑藉一虛一實、一明一暗的流動節奏表達出來。虛（空間）同實（實物）聯成一片波流，如決流之推波。明同暗也聯成一片波動，如行雲之推月。

詩畫的空間感表達的就是古人的宇宙觀。早在《易經》、《繫辭》裡已經說古代聖哲是「仰則觀象於天，俯則觀法於地，觀鳥獸之文與地之宜。近取諸身，遠取諸物」。俯仰往還，遠近取與，是中國哲人的觀照法，也是詩畫家的觀照法。而這觀照法表現在我們的詩中畫中，構成我們詩畫中空間意識的特質。

2．最根本的宇宙觀 ── 天人感應

天人感應觀念在中國由來已久。它不僅是中國古代人們宇宙觀念的一種表達，而且反映了其特有的思維方式。值得注意的是，天人感應觀念在西方同樣存在，這就是一直流行到文藝復興運動時期的大宇宙和小宇宙論。考察東西方這兩種既相一致又存在差異的宇宙觀念並對之進行比較，可以幫助我們了解人類宇宙觀念和思維方式的演變軌跡。

（1）天人感應與中國古代的宇宙觀念

天人感應觀念在夏商周三代已經非常普遍，到先秦兩漢時期已經深入人心。它不僅融入在先秦兩漢的文化典籍裡，

而且也融入到人們的日常生活和典章禮儀中。殷商以降，觀星取象以占驗吉凶成了人們日常生活中不可缺少的重要內容，它表明人們已經有了天道能以象徵的方式把吉凶福禍暗示於人的觀念；占卜預測則把戰與和、勝與敗、生與死、婚與嫁、動與靜等人間的吉凶福禍與一些神祕的徵兆連結起來；方技術數則彙集了招魂、釋夢、擇日、風水、祈雨、祛鬼、醫病、詛咒等幾乎涉及人間生活所有領域的知識與技術。而占卜、祭祀的形式被固定下來並使之秩序化、制度化，形成嚴格的儀禮儀式，就使天地神鬼人之間的連結固定化、常規化了。那麼，在這些觀星取象、觀物取象、占卜預測、方技術數以及一系列典章儀式中，是否蘊含著某種共同的觀念、某種不言而喻、不證自明的公理或終極依據呢？這就是天地神人一體同構的整體觀念。

作為空間的宇宙，在殷周人心目中投射了一個根深蒂固的深層儀式，即以中央為核心，眾星拱北辰，四方環中國的天地差序格局。這種宇宙結構給他們提供一個價值本源，就是這種差序格局是天然合理的，因為它是宇宙天地的秩序；也給他們提供一個觀念的樣式，就是一切天然形成的事物包括社會組織與人類自身，都是與宇宙天地同構的，因為它們來自宇宙天地；也給他們提供了一個行為的依據，就是人類應該按照這種宇宙、社會、人類的一體同構來理解、分析、

判斷以及處理現象世界，因為現象世界中，擁有同一來源、同一結構、同一特性的不同事物是有神祕感應關係的。沒有這種共有的觀念和依據，觀星取象、預測吉凶、拜祭天地、方技術數等就失去了存在的基礎或根據。所以，在天地神人一體同構觀念的支配下，天人互感的觀念和種種做法可謂是源遠流長。

天人感應論的形成，具體展現在古人的陰陽互動和五行觀念，從而形成了以陰陽五行觀念與天人互感觀念的互動。

陰陽五行觀念起源甚早，據說它在新石器時代就已經產生了。雖說陰陽最初與日月之光有關，並由此轉而指明暗、天地（乾坤）、南北等現象和方位，但是，這一概念一旦脫離了指稱具體的事物和現象（如寒熱、晴雨、冷暖等）之後，它無疑就成為一個有極強概括性的最高範疇，具有了形而上的意義。到了春秋時代，陰陽觀念就已經如此並成為不言而喻的真理了。陰陽雙方最基本的屬性是二者的相互感應、相互依存，如天地相濟、男女交感。此時人們不僅有了陰陽的觀念，而且已經用陰陽觀念來解釋生活中的現象，如《國語·周語上》伯陽父解釋三川地震時，就認為這是天地之氣失其序，「陽伏而不能出，陰迫而不能蒸……是陽失其所而鎮陰也。」

五行觀念大約起於殷周，興於春秋戰國，盛於秦漢。最具體明確地提出五行思想的是《尚書‧洪範》：

「五行：一曰水，二曰火，三曰木，四曰金，五曰土。水曰潤下，火曰炎上，木曰曲直，金曰從革，土爰稼穡。潤下作鹹，炎上作苦，曲直作酸，從革作辛，稼穡作甘。」明確列出了五行，將五行與五味相匹配，揭示了五行各自的屬性。從戰國至秦代，天人感應與陰陽五行觀念已緊緊糾纏在一起難以分開，在陰陽五行觀念中已經融入天人互感的觀念，甚至可以說天人感應已經成了陰陽五行的核心。陰陽互感、五行生剋與天人感應相互作用，前者逐漸成為後者的表現和確證，後者又不斷強化著陰陽五行中天人互感的觀念。正是在陰陽、五行、天人互感觀念的長期演變和累積的過程中，中國人產生並不斷強化了天地神人一體同構的「天人合一」的整體宇宙觀。

長期並普遍存在的陰陽五行、天人感應的觀念和天地神人一體同構的宇宙觀念，為漢代董仲舒把天人感應理論化、系統化，使之成為影響中國兩千年歷史的一種理論體系提供了豐富的素材和可能。

（2）天人感應觀念的理論化

中國古代長期存在的觀星學、占卜預測學、方技術數、祭祀儀式以及源遠流長的陰陽五行觀念中，都毫無例外地浸

透著天人感應的觀念，而潛藏在上述諸觀念、意識、日常生活及文化典籍背後的，則是中國人所特有的一種整體宇宙觀。一旦把這種宇宙觀看作是中國人的一種普遍觀念和共同的思維背景，遠古的許多看似神祕的東西便都有了合理的解釋。儘管天人感應觀念存在已久，但真正使這種觀念形成一套系統的理論並對其加以系統闡述和運用，則是經過許多人的努力才最終形成的。而與天人感應的理論化相伴隨的，則是整體宇宙觀的一步步精緻化。

從殷商時期的「上天」到西周時代的「天命」和「天道」，從墨子的「天意」和「天志」，到春秋戰國時代廣為流行的「氣」的觀念、陰陽五行觀念，都為天人感應理論的產生奠定了基礎。

《呂氏春秋》中說：「凡帝王者之將興也，天必先見祥乎下民。黃帝之時，天先見大螾大螻，黃帝曰：『土氣勝。』土氣勝，故其色尚黃，其事則土。及禹之時，天先見草木秋冬不殺，禹曰：『木氣勝。』木氣勝，故其色尚青，其事則木。及湯之時，天先見金刃生於水，湯曰：『金氣勝。』金氣勝，故其色尚白，其事則金。及文王之時，天先見火赤烏銜丹書集於周社，文王曰：『火氣勝。』火氣勝，故其色尚赤，其事尚火。代火者必將水，天且先見水氣勝，故其色尚黑，其事則水。水氣至而不知數備，將徙於土。」

這段話的意思是說，人間新的帝王將要興起之時，上天就會預先給予奇異的徵兆，而這些徵兆是以與五行相類似的事物來告示人們的。這些奇異的徵兆正代表了「天意」，這種「天意」又與「五行相剋」的思想結合起來，說明朝代的更替是按照「五行相剋」的規律來安排的，是人力所不可戰勝的。

到春秋戰國時代以至西漢，陰陽五行學說已經相當普及，由陰陽五行觀念發展到天人互感觀念，再由天人互感觀念發展成為系統的天人互感理論，已經具有某種必然性。可以說，陰陽五行觀念已深入到大多數人的心目中而成為當時一般人較普遍的思維習慣，而天人互感觀念實際上就是講天人關係的。這種思維習慣和陰陽五行觀念、天人互感觀念，在先秦諸多典籍特別是《呂氏春秋》、《黃帝內經》和兩漢的《春秋繁露》、《史記》、《禮記》、《鹽鐵論》以及《白虎通義》、《漢書》等古籍文獻中，都已有明顯反映，而天人感應觀念的核心則是五行、五運之說。其中，董仲舒的《春秋繁露》是在理論上把「天人互感」思想系統化的代表，《黃帝內經》則是把陰陽五行理論和天人互感理論加以實際運用的典範。

董仲舒天人感應的理論體系主要包括以下幾個方面的內容：

其一，人副天數說。董仲舒說：「天者萬物之祖，萬物非天不生。」、「為人者天也。人之（為）人本於天，天亦人之曾祖父也，此人之所以乃上類天也。人之形體，化天數而成；人之血氣，化天志而仁；人之德性，化天理而義；人之好惡，化天之暖清；人之喜怒，化天之寒暑；人之受命，化天之四時。人生有喜怒哀樂之答，春秋冬夏之類也。」

　　其二，同類相應說。天人相副得到說明後，二者是如何實現互感的？互感的仲介又是什麼？《周易》有「同聲相應，同氣相求，水流溼，火就燥，雲從龍，風從虎」之說，《呂氏春秋》也認為：「類固相召，氣同則合，聲比則應，鼓宮而宮動，鼓角而角動。」董仲舒在重複了先賢的話之後說：「美事招美類，惡事招惡類，類之相應而起也……帝王之將興也，其美祥亦先見；其將亡也，妖孽亦先見。」他把陰陽五行和天地人看作一個完整的統一體，把天、地、陰、陽、木、火、土、金、水、人看作是天的「十端」，處在人與天地之間的陰、陽、木、火、土、金、水皆為「氣」，這「氣」也就成為天人之間互相感應的仲介了。

　　其三，災異譴告說。在證明了同類相應之後，董仲舒又把人的病症與天氣變化的感應推廣到人和天在精神上的相互感應，並認為這種感應是人間吉凶福禍的根本源因。如何獲福吉而避禍凶呢？他認為要先了解「天意」，再根據天意採

取相應的措施，才能逢凶化吉。如何才能了解「天意」呢？在他看來，「天意」是透過「氣」向人們表達的，故可透過觀察體會「氣」的變化來了解「天意」。他說：「天意難見也，其道難理。是故明陰陽、入出、實虛之處，所以觀天之志，辨五行之本末順逆、小大廣狹，所以觀天道也。」所以必須「謹按災異以見天意。」這就是董氏的「災異譴告說」。

這樣，「人副天數說」、「同類相應說」、「災異譴告說」合在一起，就使天人感應論成為一個系統的理論體系。

（3）西方大小宇宙論與天人感應論之比較

大小宇宙的觀念在柏拉圖之前就出現了。古希臘人認為小宇宙是大宇宙的縮影，人體結構是世界構造的反映。而畢達哥拉斯也曾把人的靈魂系統看作是天體系統的摹本。柏拉圖相信宇宙是一個有形體、有靈魂、有理性的機體，他不但把人與宇宙做了類比，還據此推演出大宇宙的性質、結構與人體結構的相互關聯。古羅馬時期的新柏拉圖派也深信天空的星球會影響地球上的人類。這種大小宇宙的觀念不僅影響著古希臘羅馬，而且影響了整個中世紀。甚至到文藝復興時期，很多人還相信星球的力量對地球和人發生影響。

這種理論還認為，人的生理與地球的機理一樣，人體包括血液、骨髓、黏液、唾液、眼淚及其他潤滑液，與地球的

各種液體相似。地球上的水從大海到山巔又重歸於海，其運行也像血液始於心臟之海，從大動脈到小動脈，再返回來，又上行到頭頂。同時，每個靈魂都屬於一顆星，每顆星支配著人體相應的部位或器官：右眼、脾、膀胱、上臂受土星支配；肺、肝、腳受木星支配；左眼、血管、生殖器受火星支配；頸部、腹腔受金星支配；兩臂、兩手、雙肩、臀部受水星支配；人體半身、胃受月亮支配等等（圖2.15）。

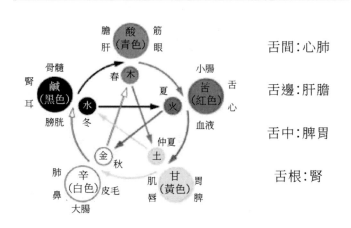

圖 2.15　西方的「小宇宙」和中醫的「五行五色」很類似

不僅如此，該理論還相信，有如世界的所有特徵都可以在人身上找到，人的特徵也可從地球上找到。個人的出生、死亡、命運、愛好、氣質、個性等，可從地球上找到原因，

而且國家興亡、朝代更替、戰爭勝負等全都是天體作用的結果。在歐洲長期流行的星象學也無疑與此觀念有關。李約瑟（Noel Joseph Terence Montgomery Needham）也多次提到過大小宇宙論：「如歐洲思想有與中國古代和中古時代的思想有任何相似者，那麼便是這種有關大宇宙與小宇宙的學說，雖然它不曾支配西方的觀念到同樣的程度。相似處有二：一為設想人體與宇宙整體之間有一一對應的關係；其他之一，是以為人體與國家社會之間亦有一一的對應。」

　　人副天數說與大小宇宙說雖有許多一致的地方，但也有明顯的不同：第一，前者的「天」是含混而又有意志的，所謂「天意」是其基礎。它並不指明「天」是什麼星辰，而是把年、月、日四時都歸於「天」。而後者的大宇宙、小宇宙都是具體的，能夠具體到金星、木星、水星、火星、土星、太陽、月亮，對應到人的血液、頭髮、體液、四肢及各個器官。第二，前者是講人「副」天數，這個「副」是「符合」之意，雖有對應的意思，卻不僅僅是對應所能涵蓋的，如人有五臟，以對應天的五行，但五行的木、火、土、水、金並不是指具體的物質，只是一種抽象的概念，而且五行與五臟的關係也不是簡單的對應，至於天人之間的感應更是如此。反觀後者，卻僅僅是一一對應的關係：頭髮像草，血管像樹枝，骨頭像石頭，胃像大海等。雖然草、樹枝、石頭等對頭髮、血管、骨頭也可能會有某種影響關係，但它不

像中國五行生剋的理論那樣，說明不同星辰之間的關係對人整體的影響。第三，後者雖有天人互感的意思，但卻始終沒有形成一套理論體系。

論及二者的相同之處，它們都反映了早期先人們在宇宙觀念方面的一致性，即早期人類都持一種整體宇宙觀。我們知道，柏拉圖提出大小宇宙論的時期正是中國的春秋戰國時代，而在此時，中國的陰陽五行、天人互感觀念已經十分流行了。不僅在中國和西方國家，實際上早在巴比倫人的占星術中，在埃及人的墓葬中，在印度人的信仰以及其他許多民族廣泛流行的巫術中，都可以說明古代先民是把宇宙當作一個充滿神祕性的有機整體來看待的。交感以及由此產生的種種巫術儀式，就是這種原始整體宇宙觀的反映和明證。天人感應論產生後，對中國文化的發展產生了很大的影響。這種影響不僅發生在思想界，也發生在科學界。同樣，大小宇宙論也對西方文化的發展產生過巨大影響，而這種影響集中展現在自然科學界，如天文學、化學、醫學等領域。

上述這兩種相似理論的形成也說明，在遠古時代，人類由於受一種共同的宇宙觀念的支配，故而也形成了一種大致相同的思維方式 —— 整體性思維。

整體宇宙觀念和整體性思維的互動，使人類在最初總是把世界萬物看作一個整體，從而以一種整體方式掌握世界萬

物。在以後的歷史發展中，由於中西方在文化傳統、生活方式、民族習慣、宗教信仰等方面的不同，在文藝復興和啟蒙運動過程中，西方思維逐漸向一種分析性、解剖性的思維方式演變，與之同時發生變化的則是由整體宇宙觀向集合宇宙觀的演化。而在中國，由於儒學在兩千多年的歷史發展中一直是一種正統學說，再加上其他多方面的因素，中國人一直在天人合一的整體宇宙觀的支配下恪守著整體性思維。

第 2 章 中國文明支撐的宇宙體系

第 3 章　神人與凡人

　　神話是原始人們對世界起源、自然現象和社會生活的原始理解，是中西方文化共同的源頭，它集中展現了人類童年時代對自然與人生的困惑及征服大自然的強烈願望，是他們自然觀和社會觀的曲折反映。所以，神話反映了人類初期的一些意識形態，而這些意識形態一旦被記錄流傳下來，也勢必會對人們造成一定的影響。由於中西方不同的地理環境、生活經驗、社會意識等，人們所形成的神話也是大為不同，而這些也就深刻地影響了他們的政治、經濟、歷史、文化和民族特性，甚至思維、生活習慣等。

中西方神話體系特徵

　　東西方文明的差異，在當代人看來是西方人性的自由化和東方以等級著稱的森嚴體制。所以在西方神話中諸神是生活在凡間的某個地方，還有很多是跟人生活在一起。普通人可以找到這個地方走上去。而在中國，神高高凌駕於人之上，普通人永遠無法接近。唯有接近神靈的虛擬存在，或是天神下凡（戲劇中的董永），或是路遇神靈的偶然（夢中）。

造神和造人

　　西方宗教盛行並且百盛不衰的主要原因之一是宗教在西方政治歷史長河中扮演的核心地位。中國自古代文明繁衍到近代社會，其孔孟思想所佔有的地位並不亞於西方宗教神學的地位。有人甚至拿西方基督教與中國佛教相提並論。但我們都清楚，兩者的差異是中西方文化的差異，而不是宗教或者神話（體系）本身的差異。況且佛教只是興盛於中國，並非起源於中國。再者，西方宗教教論人民人性本為惡，要不斷地「贖罪」，不斷地接近上帝；而在儒家思想影響下的佛教也好、道教也罷，都在強調「人之初，性本善」，要學習，要修練，要謙恭地膜拜神靈，要模仿和遵循那些「偉人」的道德行為，而不是幻想著去成為他們。

就拿人權主義經常談論的女性話題來說，中西方神話中女性地位的不同也是見證中西方神話差異的主要所在。在中國母系氏族占統治地位的時期，女性在生產生活中處於主導地位，因此其社會地位也高於男性。而當父系氏族占統治地位時，女性喪失了在生產生活中的主導地位，其社會地位也漸顯卑微。同時，由於現實社會的發展對於宗教和神話體驗的表現方式總是發揮強大的制約作用，宗教和神話領域中女性的地位也就隨著世俗世界的變化而發生著改變。當然，由於文化傳統的差異，西方國家古往今來和中國盛行的宗教、流傳的神話雖有所不同，但對於其中形態各異的女性形象研究的意義絕不止於文化的階層，其更著重表現在思想意識領域之中。

　　西方神話的自由和東方神話的人權「束縛」到底誰優誰劣，是根本無法作出客觀評價的，這就像討論到底是西醫能治病，還是中醫能救人一樣，是基於深厚的文化累積沉澱的結果。但我們可以肯定的是，中西方的神話都是人類寶貴而不可再生的精神財富，這種財富給予我們的不只有人生哲理的啟迪，帶給我們更為有意義的是這些精神財富印證了人類文明前進的步伐。

神話體系及其神人關係

　　古希臘在氏族社會末期，其超驗思維能力就已顯出絢麗的光彩，保存在《荷馬史詩》等經典中的神話故事內容生動，情節跌宕，魅力四射。希臘人最初就是以神話來理解和反映他們生活的世界，逐漸構造出一個美妙的神界。其神譜系統而完整，有太陽神、月亮神、森林神、海神、火神、穀物神、酒神、智慧神、愛神、戰神……故事視野開闊，浩瀚的海洋、美麗的島嶼以及附近的歐、亞、非大陸，都是襯托神話（人物）的場景。

　　中國上古時代卻沒有產生完整的天國神話體系及其經典，零星的相關記載都支離破碎，基本不成體系。文化經典中更注重的是「教化」。《六經》大都為倫理世俗的聖書，《周易》本是占卜用書，有些神祕色彩，但其中仍不少倫理說教。唯一只有《山海經》盡力把各地的神祇按地理方位入座，保存了一些零亂不經的神話故事，其中人與動物混同的神怪頗多，而典型的人格神極少，問題還在於它被拋在當時文化最底層的小說地理類中，屬於不入流的「異聞雜錄」。

圖 3.1　《山海經》中的怪獸

　　《山海經》中的「怪獸」，中國的「四方五象」（圖
3.1）。青龍、白虎、朱雀、玄武（蛇加龜）是中華民族的
圖騰。青龍身似長蛇、麒麟首、鯉魚尾、面有長鬚、犄角似
鹿、有五爪、相貌威武。白虎是戰神、殺伐之神，虎具有避
邪、禳災、祈豐、懲惡揚善、發財致富、喜結良緣等多種神
力。朱雀（鳳凰）是有雞的腦袋、燕子的下巴、蛇的頸、魚
的尾、有五色紋，實際上是以顏色來分的：紅的是鳳、青的
是鸞鳥、白的是天鵝、黃的是鳳凰、紫的是朱雀或玄鳥。玄

武的本意就是玄冥。玄冥起初是對龜卜的形容：龜背是黑色
的，龜卜就是請龜到冥間去詣問祖先，將答案帶回來，以卜
兆的形式顯給世人。

　　希臘神話則是把神拉到凡人中去。神雖叱吒風雲，神通
廣大，卻與人同形同性，有七情六慾，會嬉戲取鬧，有的善
良忠誠、勇敢堅強；有的狡猾欺詐、好色貪心；有的還忌刻
成性，動輒發怒，甚至刀兵相見，爾虞我詐，有著與常人幾
乎相同的性格弱點。如有著較高神位的宙斯喜惡作劇，情場
浪漫，還誘惑人間美女，子女成群，尤其是迫害為人類盜取
火種的普羅米修斯，甚至引發欲滅絕人類的洪水。其妻希拉
知道丈夫的不忠實，也時常發洩她的嫉妒和憤怒，對情敵進
行報復。這裡，神界與人界混通，許多神與人交媾生子，神
界故事不但是人間社會的一種折射，而且兩者常常可以融為
一體。或者說，神祇們與凡夫俗子混在一起，共同譜寫著荒
唐可笑又可歌可泣的歷史。

　　中國上古神話則強調神界與人間的天淵阻隔，《尚書》
載，帝令重、黎二神，隔絕天地之間的通道，天神不得再降
格於民間。《國語‧楚語》補充得更為詳盡：「顓頊受之，
乃命南正重司天以屬神，命火正黎司地以屬民，使復舊常，
無相侵瀆，是謂絕地天通。」許多古書都記載了帝下令隔絕
神界與人間這件事，其目的就是要使上天或神界對凡人顯得

非常神祕，高不可測，使人對神產生惶恐敬畏之意而虔誠崇拜。中國古代有那麼多與祭祀關係最密切的從「示」之字，可見其對天國神祇的神祕感受和崇敬程度。

另一方面，古希臘神祇雖與人同形同性，卻是人最美、最健全、最有智慧和力量的典範。換句話說，神其實是最為健美並永保青春的人，神性與人性不僅沒有不可踰越的界限，並且是互為輝映的，可以用神的形象展現人的智慧和美可能達到的最高境界。希臘神話中儘管虛幻類的想像故事連篇，卻不失為一種歌頌人的宗教，其對神之愛的描寫是最動人的美之旋律，也是對生命的頌揚，所以希臘藝術中無處不在的神的形象，卻不外是人的完美典型，是包含著種種弱點和缺陷的生動完美。說明希臘人在信神拜神的同時，也承認人的偉大與崇高，相信人的智慧和力量，重視人的現實世界。就像希臘哲學家所言：「人是第一重要的，其他一切都是人的勞動成果。」反映了一種古典人本主義的內涵，即認為人是世界之本，是衡量一切的尺度。

先秦《山海經》諸記載中，其神都為半人半獸的奇形怪物。獸身人面或人身獸首，形形色色，不一而足。連最重要的古神伏羲與女媧，都往往是人面蛇身。對諸如此類神祇的描寫，通常十分簡約、朦朧，其個體的性質，乃至性別，往往都無法辨識。且許多怪神和怪物，大都性情凶殘，只要牠

們一出現，常常就徵兆著一些禍殃將要降臨人間。所以中國上古神話根本沒有一種對人的讚美的文化內涵，恰恰相反，這種人獸合一之神實是對人性的一種扭曲，後來走向精怪文化和鬼文化的氾濫。

　　古希臘每個城邦都有自己的保護神，而這些保護神與人同樣是要吃喝的，因為神能保護人類，所以城邦投資供養保護神是合理的。於是希臘人認為，神與人之間有著一種契約，即世人供奉神，神則有義務對城邦的安全作出保證，要用自己的神力打退敵人。如果城邦遇到危機，居民可以直截了當、理直氣壯地向保護神提出請求，如果不靈驗，他們還可以適度地對神靈進行「威脅」或「懲罰」，停止對他的供奉。《伯羅奔尼撒戰爭史》中希臘人的有關祈禱詞便反映出這樣的思想，如「神啊，不要將我們的城市以及房屋、人家全毀掉啊！你住在這裡已經很長時間了，你不能背叛我們，你不能將我們的城邦交給敵人！」、「神啊，我們以前經常將貢獻給你，你今天必須答應我們的請求，對敵人射出箭去！」這和希伯萊人認為人類與上帝也訂有契約的思想已非常接近。

　　中國上古部族也供奉一種地方神：社。《說文》云：「社，地主也。」有些類似後來的城隍土地，凡立國封疆，必建社廟。古人以社神為一地之主，猶如諸侯為一國之主，民間

大小事皆往祈求祭拜。社神主宰一地所有之權，甚至超過一國之君，這裡人民只能祈求祭拜，而根本不存在訂立契約之文化內容。同時，中國上古部族也開始崇拜和供奉自己的祖先，建立宏大的宗廟，進行頻繁的祭祖活動。商周時期雖存在對上帝、蒼天等的崇拜意識，但天上神祇的權威在不斷減弱，祖宗神日漸成為祭拜的最高對象。祖先崇拜與天神崇拜逐漸接近、混合，已為殷以後的中國宗教建立了規模，即祖先崇拜壓倒了天神崇拜。中國人對祖先的崇敬是無條件服從基礎上的頂禮膜拜。總之，人神之間存在一種契約的文化傳統，中國古代無從產生根本不存在相關的意識。

值得注意的是，希臘神話中神並不比人更有道德，沒有嚴格的宗法倫理秩序概念，從而沒有出現宇宙主宰、專制君主式的神。一些論著常常把宙斯看作至高神，頗有權勢和神力，維持著天國的秩序，然而他卻常犯錯誤，或做些不體面的事，也有可能被對手戰勝，實際上沒有最高的權威，並非是至高無上的君主。眾神對他也沒有一味地服從，而是各有自己的個性魅力和信念主見，亦有自己的自由空間和勢力範圍，於是十二位主神組成的神系領導集團得以形成，頗有一些貴族民主制的色彩，其中妥協精神取代專制作風成為眾神相處的基本原則。總之，奧林匹斯神系主脈是集體性的、複合的，而不是單一的、專制的。黑格爾說：「宙斯是希臘各

神的父親，但是各神都能根據自己的意志行事；宙斯尊重他們，他們也尊重他；雖然有時候他責罵他們，威脅他們，他們或者帖然服從，或者不平而退，口出怨言；但是絕不使事情走到極端，宙斯在大致上也把諸事處理得使眾人滿意──向這個讓步一些，向那個又讓步一些。」

　　此外，在古老的《神譜》中，時有老一輩神王被其兒子囚禁推翻（甚至吞食）取而代之的故事。有關宙斯將與大海女神產生一個取代他權威的兒子的預言，和宙斯與塞墨勒的兒子戴歐尼修斯將取代宙斯統治的傳說等，說明宙斯也同樣面臨著被新神否定的趨勢。有些地位較低的神，仍有執著的理想追求和無畏的反抗精神，留下諸多偉業供人讚頌。如普羅米修斯創造了人類，後因偷火種而觸犯宙斯，遭受殘酷迫害，但他堅決反抗其強權，寫下了追求正義和自由的頌歌（圖 3.2）。其中展現出一種自由的生命理想和抗衡權勢的文化精神，希臘人對自由的理解和熱愛，很大程度上也得益於他們無專制概念的神話傳統。總之，反叛是希臘神話的一個重要主題，反叛或成功或失敗，無論結局如何，叛逆行為都沒有與道德範疇相連結，叛逆者並沒有被人們斥為邪惡，反而常常因反叛而使其形象變得更加高大而富有魅力，這一思維傳統導致形成一種神系發展動力的自我否定機制。

圖 3.2　普羅米修斯

　　神話中的普羅米修斯充當了人類的「老師」，觸犯了最高的天神宙斯，作為懲罰，宙斯就拒絕給予人類「火種」。普羅米修斯就用一根長長的茴香枝，在烈焰熊熊的太陽車經過時，偷到了火種並帶給了人類。宙斯大怒，他差人將普羅米修斯帶到高加索山，用一條永遠也掙不斷的鐵鏈把他縛在一個陡峭的懸崖上，讓他永遠不能入睡，疲憊的雙膝也不能彎曲，在他起伏的胸脯上還釘著一顆金剛石的釘子。他忍受著饑餓、風吹和日曬。此外，宙斯還派一隻神鷹每天去啄食普羅米修斯的肝臟，但被吃掉的肝臟隨即又會長出來。就這樣，日復一日，年復一年。

　　而中國上古社會宗法倫理秩序森嚴，神話中出現了專制式的至高神，如商周時甲骨文中的「帝」。其語源本義或謂受義於太陽，或謂即「花蒂」之蒂，漸漸發展為生育萬物之神，有諸神之神的權威，再發展為主宰宇宙的天帝或上帝。甲骨文中他可以「令雨」、「令風」、「降禍」、「受又（佑）」，高高在上而主宰一切。然後由自然圖騰崇拜向祖宗君王崇拜轉化，指向主宰人間的下帝即商周各代君主，《說文解字》總結曰：「帝，王天下之號也。」還有所謂「皇」，據古史學者研究，也是「以鳥羽為飾的皇王冠冕，喻指神界或人間的最高統治者」。總之，「帝」、「皇」稱號的出現與演變，逐漸被賦予了不受任何力量制約而有至高神力和權威的統治者的形象與內涵，在將其蛻去怪異形象的同時還獲得了崇高的德行，將其塑造成乾癟僵硬的家長道德偶像，最後是將許多傳說時代的部落首領乃至早期君王冠以「三皇五帝」的頭銜，將王權與神權相結合，用以強化人間的君主統治，扼制反抗統治、嚮往自由的思想萌芽。由是，所有與「家長」神發生衝突的行為在道德上都被打上「惡」的烙印，蚩尤、共工、獾兜、三苗、鯀（後為「四凶」）皆為叛臣賊子。

　　所以與神話相反，中國上古時代的歷史傳說卻異常豐富，從三皇五帝到夏、商、週三代君王的種種傳說和故事，

其特點就是將其神格化、聖王化,致使人們至今無法辨別出這些傳說中哪些是歷史,哪些是神話。這君神合一的現象,使得神權主要由王權壟斷,神化王權的過程與社會君主統治不斷強化的發展同步。隨著時間的推移,中國古代神話大量被歷史傳說所掩蓋和替代,對君王的神化度也不斷層累加碼。《韓非子》所載黃帝為宇宙至高神的形象,令人嘆為觀止。對於炎帝、顓頊、帝嚳、堯、舜、禹、湯、文、武等帝王神聖化的記載無須贅述,而需要說明的是,這些帝王神祇沒有自己的個性,很少生活的悲歡,形象蒼白而乾癟,只是一種道德上的楷模,看不到其時代人類的精神氣質。

古希臘神話中也摻雜一些首領或君王參與的歷史傳說,但不存在神權由王權壟斷的現象。以雅典王忒修斯入克里特島的米諾斯迷宮,殺死牛怪,救出童男童女的神話為例,其頌揚的是制服邪惡的獨膽英雄,而非為一個帝王的權威樹碑立傳。有關神話還記載,忒修斯曾「宣布將從來沒有限制的國王的權力加以削弱,並答應給他們一種可以保障自由的憲法」。並說:「在戰時是你們的領袖,在平時則是法律的維護者,除此以外一切都與公民平等。」這雖然為後人所添加,但也說明原神話所塑造的忒修斯形象決非專制君王,所以後人可以為他補上民主政治的色彩。再如規模宏大的特洛伊戰爭,主要記錄了古代戰爭場面的恢宏與殘酷,描述了一批英

武善戰的勇士，還有驚心動魄的木馬計戰役，其中沒有將部落酋長或君王刻意神聖化，從而提高王權的中國筆法。

我們看到，西方神話主要是將超驗的神人格化，當然比人更有力量和更加美麗，其追求一種自由自在的生活理想，在對現實生活極富感召力的同時，也存在一種不斷髮掘各類效能的自我否定機制；中國神話是將部落首領、君王神聖化，將君神合為一個權力無比的神祕世界，整合出一種以服從家長為道德感召力的自我肯定機制，一切反叛行為在道德上都被打上「惡」的烙印。希臘神話用神的形象展現人的智慧和美麗，這種宗教思想和公民政治顯然有魚水相得的關係，經它潛移默化，熔鑄出展現民主精神的古典人本主義。中國上古神話用無邊神力和道德倫理展現君王的權勢，這種王權神話信仰和專制統治也同樣魚水相得，熔鑄出展現專制精神的權威神祕主義。

宇宙觀及其天人關係

古希臘神人一體的神話體系，人雖然崇拜神，但神在人的眼中並無太多的神祕色彩，其祭祀程序也較為簡明，並不需要許多專門的祭司人員去溝通神人關係，所以《荷馬史詩》中雖出現一些祭司人名，但不存在一個專業的祭司階層，在神意的解釋方面，各人可以有自己的主張，由此也就

沒有形成主要由祭司階層完成的統一的宇宙觀及其知識譜系，而給予人們一個可以自由遐想的認知空間。同時，人們雖然崇拜自然，但並不畏懼自然，覺得自然的神力可以研究探索，從而在古希臘形成多元的宇宙觀，有唯物的，也有唯心的；有不可知論者，也有懷疑論者；有一元論者，也有多元論者；有天人相分理論，也有天人合一觀念。在早期的希臘哲學中，以天人相分宇宙觀主導的科學學派成為主流思想。

天人相分宇宙觀，就是把物質存在與人類思維分為兩個運作體系，自然是非人格的本源，人類對於自然也是相對獨立的，自然界與人類社會存在各自的運動規律。如畢達哥拉斯學派把思想信仰看作是精神問題，把探索自然看作是實踐問題，也就是讓知識與信仰有所分離。蘇格拉底也把生產技術的學習與心靈信仰問題嚴格區別開來，認為建築、冶金、農藝、管理諸方面只需學習，而不必求神。而亞里斯多德的思想著作中，更是處處展現出反對神祕主義的科學態度。由此，人們很早就展開了對宇宙天地的純自然物質性質的研究，提出了各種物質如水、火、土、氣、原子是自然本源的種種學說。

古希臘智者在天人相分宇宙觀的基礎上，深入研究自然界的運動規律，逐步開創出各門科學的雛形：天文學、幾何

學、數學、醫學、物理學、生物學等，獲得令人矚目的成就。如畢達哥拉斯學派提出了太陽、月亮和行星以均勻圓周運動的假說，認為宇宙是所有天體由西向東環繞中心火團運行的結合物。阿里斯塔克斯（Aristarkhos）初步提出了太陽中心說。埃拉托斯特尼（Eratosthenes）第一個計算了地球的圓周。阿那克西曼德提出人是從魚變來的，可稱生物進化論的萌芽。恩培多克勒提出了生物進化理論。醫學開始重視人體的解剖與人體構造的理論。幾何學成就更是其形式邏輯思維方式的基礎。其促使人們去探索自然，掌控自然，征服自然，出現人類與自然之間的競爭的態勢。

中國上古神人隔絕的神話理念，神性高逾九霄，人性低同草芥，只有帝王可以透過祭祀和巫師接近天神。西元前三千年原始末期的玉琮，據考證就是其貫通天地的一種法器，發展到商代的甲骨卜辭，以及其後的八卦筮占，方法體系日益成熟。同時，其祭祀儀式日益隆重，程序規範日益煩瑣，如周代的祭祀可以分為三個等級：一是祭祀天地和宗廟的大祭祀，二是祭祀日月星辰和社稷五嶽的中祭祀，三是祭祀風雨雷電和山川百物的小祭祀。由此祭司階層不斷壯大，他們用祭祀儀式溝通神界，用占卜方法傳達神意，且掌握著星占曆算、醫藥方技諸學，成為中國上古社會中最有權威的第一代知識者，逐漸完成了天人合一的宇宙整體觀。由於他們所擁

有的地位和權勢，其知識譜系完全控制了人們的思想，也為帝王的神聖化開闢了邏輯源泉，這一巫術導源的宇宙觀經由國家的宗法等級制度而不斷系統化。

其天人合一的宇宙整體觀認為，宇宙中「天」、「地」、「人」三者是一個互相關聯的整體，有著相同的運作規律模式且存在一種深刻而神祕的互動統一關係。如天地有中心，人類也有君主；天地分九野、九州，人也分三六九等；天地有陰陽，人間就有尊卑；宇宙有中央與四方，人間就有帝王與諸侯；天有眾星，人間就有眾民。甚至人的頭圓是如天的形狀，人的足方是如地的形狀；天有四時五行九解三百六十日，人有四肢五臟九變三百六十骨節；天有風雨雷電，人有喜怒哀樂。總之，人完全效法天、地，三者，是個神祕的統一體。

歷史學家指出：「作為空間的宇宙，在商周時期的人們看來，是規範而有序的，天與地相對，都是由對稱和諧的中央與四方構成，中央的地位高於四方，四方要環繞中央。」這樣「在殷周人心目中投射了一個根深蒂固的深層意識，即以中央為核心，眾星拱北辰，四方環中國的『天地差序格局』。這種宇宙結構給他們提供了一個價值的本源，就是這種『差序格局』是天然合理的，因為它是宇宙天地的秩序；也給他們提供了一個觀念的樣式，就是一切天然形成的

事物包括社會組織與人類自身，都是與宇宙天地同構的，因為他們來自宇宙天地；也給他們提供了一個行為的依據，就是人類應該按照這種宇宙、社會、人類的一體同構來理解、分析、判斷以及處理現象世界，因為現象世界中，擁有同一來源、同一結構、同一特性的不同事物是有神祕感應關係的。」

人們普遍認定，「天」不僅是人類生存於其中的空間與時間，還是人類理解和判斷一切的基本依據，仿效「天」的構造，模擬「天」的運行，遵循「天」的規則，就可以獲得思想與行為的合理性。總之，「天」具有無比崇高的地位，是至上的神祇。所以古代中國人在思考天、地、人這個宇宙統一體時，將聽命於天作為主旨，產生一種根深蒂固的世界秩序等級觀念。他們不會以「人」作為主體跳出這個整體而把宇宙當作客體進行觀察研究，並且認為人類社會乃至個人只有遵循宇宙統一體的神祕規則，服從上天的旨意，才會有一種安全感而獲得它的真正價值。就是從天人同質、同構的角度來理解各類事物之間的關係，把整個宇宙看成一個整體系統，同樣用陰陽互補、五行秩序這一套思路來說明各種自然現象，從占天象測未來、選風水論禍福，乃至解釋人體結構與病理機制等等，總之，把人作為「天」的附庸者而完全服從「天」，以求得與大自然的所謂「和諧」。

《尚書》中的天命觀，與其說是宗教迷信，不如說是一種神權政治論，也就是天人合一世界觀在政治方面的反映。「天命有德」、「天討有罪」、「以德配天」諸思想與統治術自唐虞至三代，日益顯出其宇宙觀與政治論的結合。西周「敬德保民」思想中以「敬德」為「天命」的依據，「保民」為「天命」的展現，是對這一思維模式相應時局的發展。春秋時子產說：「禮，天之經也，地之義也，民之行也。」用「禮」把天、地、人完全融為一體。儒家的「禮」思想，道家的「道」觀念，墨家的「天志」說，都是天人合一思想的各種表現。陰陽五行學說的五德終始論更是把天道與人事完全合二為一。

　　只有荀子提出「天人之分」，認為人與天存在各自的運作規律；然而荀子又說：「君臣、父子、兄弟、夫婦，始則終，終則始，與天地同理。」認為禮是溝通天與人，並把它們聯為一體的基本機制或基本原則，所謂「禮有三本：天地者，生之本也」。這樣，禮是根據天道而設立的，所以人道與天道在本質上又是一致的，這又是天人合一思想的反映。

　　可以說「天人合一」是先秦思想家最為普遍的觀念之一，在這一基本觀念之上不存在其他對立觀念的多樣性和矛盾性，或者說基本沒有產生人與自然是互相獨立體的任何思想體系。一般都認為自然界的一切現象都與人有因果關係，

天、地、人、神是合一的、完全溝通的，並主要由巫師占卜來完成這一溝通，而溝通的目的在於服從自然或天。隨著時間的推移該觀念不斷強化，累積沉澱為中國古代思想家最基本的宇宙觀，成為中國傳統哲學的重要特徵。「而『天人之分』的觀念卻被中國哲學家所忽視，在中國哲學發展史上，除了偶爾爆發出一點火花稍縱即逝外，並沒有引起人們的足夠重視，從而也沒有形成足以與『天人合一』相抗衡的思想洪流。因此，中國傳統哲學表現了強烈的重天人合一、輕天人之分的思維傾向。這種思維特質，從先秦起就開其端倪，逐漸發展成為一股滔滔思想洪流」。其思維定勢產生的慣性，滲入社會的政治、經濟、文化以及日常習俗、心理底層等各個領域，經數千年的運作和論證，已成為中國人無意識的深層心理結構。

　　西方古典哲學中也有自然與人類合一的思想，如古希臘後期的斯多葛（Stoic）學派，提出人的本性就是順從自然而生活，達到人與自然的一致與和諧，似乎可以看到中國「天人合一」觀念的影子，然而它只是西方古典思想中相當不起眼的一個小學派。而值得注意的是，其他相關人類與自然統一的思想基礎並不是以自然（天）為核心、以人對天的服從為基點的人處被動地位的感應學說，而往往是一種以人為核心、以人類的思維統攝整個宇宙的人處於知識體系的核心。

中西方神話故事人物比較

　　中國上古的主要大神們，諸如伏羲、女媧、炎帝、黃帝、顓頊、帝嚳、堯、舜、禹等，都有著極為鮮明的尚德精神。翻開中國上古神話，一個聖賢的世界撲面而來。儘管神話沒有十分完整的情節，神話人物也沒有系統的神系家譜，但它們卻有著鮮明的東方文化特色，其中尤為顯著的是它的尚德精神。這種尚德精神在與西方神話特別是希臘神話比較時，顯得更加突出。中國古代神話中的這種尚德精神，一方面源自於原始神話的內在特質，另一方面則是後代神話改造者們著墨最多的得意之筆。在西方神話尤其是希臘神話中，對神的褒貶標準多以智慧、力量為準則，而中國上古神話對神的褒貶則多以道德為準繩。這種思維方式深深地注入中國的文化心理之中。幾千年來，中國古代神話的這種尚德精神影響著人們對歷史人物的品評與對現實人物的期望，決定著社會對人們進行教育的內容與目的，甚至也影響著中華文化圈現代文明的走向。

不食人間煙火

　　「不食人間煙火，沒有平凡人的情慾」，這是中國上古神話中主要大神們神格的重要特徵。在中國的很多經史典籍中，中國上古的主要大神們，諸如伏羲、女媧、炎帝、黃

帝、顓頊、帝嚳、堯、舜、禹等，都是崇高和聖潔的。他們
不苟言笑，從不戲謔人類，更不會嫉妒和殘害人類。在個人
的私生活上，他們從來都是十分規矩的，十分注重小節、注
重品行和德操的修養，並且尊賢重能。幾乎每一位神王都沒
有「紅杏出牆」或「亂播愛情種子」的現象。在他們的身
上，只有神聖的光環、純潔的品性和高尚的情操。當人類向
他們看過去的時候，只會仰面向上，頂禮膜拜，而不會有絲
毫的不恭不敬。

　　在中國的神話天地中，姑且不說被後世改造過的神話，
就是古老的原始神話，我們也看不到對大神們愛情生活的描
寫，見不到他們這方面的生活細節。由於中國上古神話中有
關愛情的內容極少，因而嫦娥奔月神話和後起的巫山神女傳
說在中國神話天地裡就顯得秀麗旖旎，風景這邊獨好了。

　　相反，在古希臘神話中，我們所看到的大大小小的天神
都是世俗的，是滿身人間煙火味的形象：眾神之王宙斯狂放
不羈、拈花惹草，在神界與人間留下了一大串風流債，更嚴
重的是他任意行事，不講原則，充滿嫉妒；神后希拉，本是
眾神的表率和人間的神母，但她卻經常為嫉妒和仇恨而迷失
了本性，做出一些殘酷和無神格的蠢事來，沒有絲毫讓人類
敬重的地方。主神如此，他們手下的眾神也都有著極為相似
的品性。在希臘軍隊與特洛伊的戰爭中，阿基里斯讓阿加曼
農（Agamemnon）把搶來的女俘布里塞斯（Briseis）送還

到他的父親阿波羅的祭司的身邊，因此時阿波羅神正為他的祭司的女兒被劫而用瘟疫來消滅希臘軍隊，阿加曼農認為自己受到了侮辱，硬是將女俘布里塞斯留在了自己的身邊，阿基里斯憤而帶領他的軍隊撤出了戰爭，使特洛伊大將赫克托爾很快地殺掉了還沒有死於瘟疫的希臘士兵。希臘人的這次慘敗只是因為一個女人，這種結果是中國人無法理解和原諒的，也是中國神話中的尚德精神所不允許的。

又如，阿波羅因與瑪耳緒阿斯（Marsyas of Pella）比賽吹笛子而失敗，便殘酷地剝了瑪耳緒阿斯的皮，並把它掛在樹上；再如月神與阿波羅兄妹，因尼俄伯嘲笑了他們的母親巨人勒托只生下一子一女，並禁止底比斯婦女向勒托獻祭，他們便射殺了尼俄伯眾多的兒女。如此等等。可見，在希臘神話中，神與人除了力量上的差別外，在情感上卻是相同的。當神們脫掉神的外衣之後，就都成了世俗的凡人。

「神化」神

「對神的獻身精神的崇尚和禮讚」，是中國上古神話尚德精神的另一重要展現。這種犧牲精神首先表現在古老的創世神話當中。中國的創世神話，是以犧牲創世神的肉體來完成天地開闢和萬物創造的。所以，中國古代的開闢大神盤古在完成了天地開闢任務之後，就將自己的雙眼化成了日月，

將四肢與頭顱化成了五嶽，將血脈化成了長江與黃河，將毛髮化成了山林與草木，將肌肉化成了泥土，將筋骨化成了金石，而他身體上的寄生物則變成了人類。另一位開闢大神女媧，她在完成了補天、造人的大功之後，也將自己的身體化成了萬物。所以《山海經》中云有神十人，乃女媧之腸所化。今天我們雖然不能全部了解女媧化物的細節，但這則神話多多少少為我們透露了這方面的訊息。

後來的始祖神繼承了創世神的這一傳統，並將它發揚光大，為中華民族創造了可歌可泣的業績。燧人氏發明火歷經千辛萬苦種種磨難；炎帝為知草藥而嘗盡百草，幾經生死，所以《淮南子·修務訓》說神農「嘗百草之滋味，水泉之甘苦，令民知所辟就，當此之時，一日而遇七十毒」；先秦史書則言大禹為治水十年奔走，三過家門而不入，以至於「脛不生毛，偏枯之病，步不相過」。

不僅創世神和始祖神如此，在對中國遠古神話英雄的故事傳說及對英雄的謳歌中，同樣也反映出一種崇尚奉獻與犧牲的精神。在這些神話中，大凡是為社會的進步、為人類的幸福而獻身的英雄備受人們的讚頌；反之，凡是那些不利於社會前進、有礙於人類幸福的神性人物則要遭到唾棄與批判。所以為逐日而死的夸父、射日除害的后羿、救民於水患的大禹等均在人民的心目當中占據著崇高的地位；被大水淹死之

後變成鳥不停地以木石勇填滄海的精衛，也生生世世為人們所敬重。而那些殘害人類的反面人物，即使不被英雄誅滅，也會被歷史文化所誅滅。

　　中國上古諸神所普遍展現的獻身精神，是世界其他民族的神話英雄所不具備的。在希臘神話中，其開闢神話充滿了血腥：宇宙最先生下了克利俄斯（即混沌）、胸懷寬廣的地母蓋亞、地獄之神塔爾塔羅斯、愛神厄洛斯。克利俄斯又生了黑夜之神倪克斯和黑暗之神厄瑞玻斯。倪克斯和厄瑞玻斯結合後生下了太空和白晝。蓋亞則生了烏拉諾斯（天空）、大海、高山。這時烏拉諾斯成了主宰，他與母親蓋亞結合，生了六男六女共十二位天神。後來，第一代主神烏拉諾斯被兒子克洛諾斯閹割了。克洛諾斯與妹妹雷亞結合也生下了三男三女，宙斯是最小的一個。克洛諾斯害怕他的兒女們像他推翻父親一樣來推翻他，便將自己的所有兒女都吞進了肚子裡。在宙斯出生之前，雷亞在地母蓋亞的幫助下逃到了克里特島，上島之後才生下了宙斯，宙斯這才倖免於難。後來宙斯聯合諸神推翻了父親克洛諾斯，逼他吐出了哥哥姐姐們。宙斯於是在奧林匹斯山上建立了神性王國，自己做了至上神。這則希臘神話表明，宙斯的神界秩序是在代代天神們的血肉之軀上建立起來的，更嚴重的是這種殺戮還都是骨肉之戕。

不獨希臘神話如此，巴比倫神話和北歐神話同樣也都帶有濃濃的血腥味。記載著巴比倫神話的《埃努瑪‧埃利什》（EnûmaEliš）說，開初，神族有兩大派：一派象徵著無規律的「混沌」，是從汪洋中生出的神怪；另一派象徵著有規律的「秩序」，是從汪洋中分化出來的天神。創世的過程被理解為混沌與秩序的戰鬥過程，最後秩序戰勝了混沌，且以混沌族神怪們的屍體創造了萬物和人類。北歐神話則說，天神奧丁殺死了強而有力的冰巨人，以他的屍體創造了世界上的萬物。

「佑德保民」

中國上古神話中的尚德精神不僅僅展現在大神們不食人間煙火的高尚以及偉大的獻身精神，同時也展現在他們「保民佑民的責任感」上。在中國人的心目中，既是被人們所禮拜的神，就應該盡到保民佑民的職責。遠古時代，中國的許多著名大神均具有始祖神的身分。這些始祖神均是自己部族中功勞卓越的人物，他們在本民族的發展與壯大的過程中或在民族的重大變故中，造成過巨大的作用。他們成為本民族始祖神的先決條件也決定了他們作為大神的責任與義務。特別是自西周以來，由於歷史和政治的需要，諸子百家有意識改造神話中的人物形象，將人類理想的英雄美德都加在了他們身上。

這種現象所造成的結果，使得存留在上古神話人物身上的野性消失得乾乾淨淨，有的只是道貌岸然、冠冕堂皇。於是這些上古的神話英雄或始祖神們以一種嶄新的姿態登上了歷史舞臺，由神祇搖身一變成了品德完美的人間帝王。首先，他們均以天下蒼生為重，平治天下、造福人類是他們的根本職責。其中大禹就是一個典範。大禹大公無私，為天下蒼生的幸福鞠躬盡瘁。其他如炎帝、黃帝、堯、舜等也莫不如此。同時，中國神話傳說中的上古大神們並不以天下為己有，而是舉賢授能，並且素有「禪讓」的美德。所以，堯年老後便把帝位傳給了舜，而舜同樣也將帝位傳給了大禹。這種境界如此之高之美，以至於後人甚至搞不清這究竟是史實還是神話了。

古希臘的神話與傳說表現出了與中國神話大不相同的文化特色。在古希臘神話中，天神與人類一樣，也表現出愛、恨、怒、欲望、嫉妒等凡俗的情感。「潘朵拉的盒子」便是一個例子：當人類被創造出來以後，英雄普羅米修斯幫助人類觀察星辰，發現礦石，掌握生產技術。作為天父的宙斯竟出於對人類的嫉妒，拒絕將「火」送給人類。普羅米修斯從太陽車的火焰中取出火種贈送給人類。宙斯發現之後就將普羅米修斯鎖在高加索山上，讓凶狠的餓鷹啄食他的肝臟。與此同時，宙斯加緊了報復人類的步伐，他命令火神造出美麗

的潘朵拉 ——「有著一切天賦的女人」，諸神賜給她柔媚、心機、美貌，讓她帶著盒子送給普羅米修斯的兄弟 —— 艾比米修斯。艾比米修斯留下潘朵拉，打開了那給人類帶來災難的盒子，於是從盒子裡飛出了痛苦、疾病、嫉妒等，從此人間便陷入了黑暗的深淵。對此，宙斯並不滿足，他又發動洪水來滅絕人類。

　　西方神話中的這種種行徑和中國神話的補天、填海、追日、奔月、射日、治水等神話相比，真是判若天壤，不可同日而語。如果宙斯不幸成為中國上古的神王，那麼他早就被打進了萬劫不復的深淵了。

　　中國上古神話中展現出的這種尚德精神，有一些是先天神話的內在特質，而另一些則是後來人為改造的。它是文明社會中文化的重塑與選擇的結果。經過這種文化的重塑與選擇，在古老的大神們身上還遺存的一點點「人性」也消失了，剩下的只是遠遠脫離社會、脫離人類、高高在上、虛無縹緲的理念化形象，於是他們原有的神性也隨之削弱，他們成了人間崇拜的偶像，變成人間帝王們的典範。於是神話中的大神們最終演變成了人間的始祖，敬神變成了祖宗崇拜，神話變成了宗教崇拜。

　　正是這種尚德精神，使中國文化中處處展現出了對「德」的要求。在我們傳統的「修齊治平」的人生境界中，

將「修身」擺在第一位也說明了這一點。只有「從頭做起」，先修身然後才能齊家，再後才能治國、平天下。在後天漫長的文明社會裡，無論臣廢君取而代之，還是君貶臣、誅臣，往往都是從「德」方面找藉口的。似乎只有這樣，一個又一個殺機橫生的「政變」或「貶誅」才顯得名正言順，順理成章。這種文化的選擇，甚至在今天的社會生活中，在我們民族的思維和習慣中，依然處處可以找到它的影子。

電子書購買

國家圖書館出版品預行編目資料

中西封神榜，先有神還是先有人？：自我奉獻的
中國神、比人類還像人的希臘神，從神話洞悉
東西宇宙觀 / 姚建明編著 . -- 第一版 . -- 臺北市
：崧燁文化事業有限公司，2022.07
　　面；　　公分
POD 版
ISBN 978-626-332-451-0(平裝)
1.CST: 神話 2.CST: 通俗作品
280　　　　111008985

中西封神榜，先有神還是先有人？自我奉獻的中國神、比人類還像人的希臘神，從神話洞悉東西宇宙觀

臉書

編　　著：姚建明
封面設計：康學恩
發 行 人：黃振庭
出 版 者：崧燁文化事業有限公司
發 行 者：崧燁文化事業有限公司
E - m a i l：sonbookservice@gmail.com
粉 絲 頁：https://www.facebook.com/sonbookss/
網　　址：https://sonbook.net/
地　　址：台北市中正區重慶南路一段六十一號八樓 815 室
Rm. 815, 8F., No.61, Sec. 1, Chongqing S. Rd., Zhongzheng Dist., Taipei City 100,
Taiwan
電　　話：(02) 2370-3310　　傳　　真：(02) 2388-1990
印　　刷：京峯彩色印刷有限公司（京峰數位）
律師顧問：廣華律師事務所 張珮琦律師

定　　價：250 元
發行日期：2022 年 07 月第一版
◎本書以 POD 印製